아라비아의 예수

# 아라비아의 예수

지은이 | 앤드류 톰슨
옮긴이 | 오주영
감수 | 김태완 · 김현경
초판 발행 | 2019. 8. 14
등록번호 | 제1988-000080호
등록된 곳 | 서울특별시 용산구 서빙고로65길 38
발행처 | 사단법인 두란노서원
영업부 | 2078-3333  FAX | 080-749-3705
출판부 | 2078-3332

책값은 뒤표지에 있습니다.
ISBN 978-89-531-3390-7 03230

독자의 의견을 기다립니다.
tpress@duranno.com  www.duranno.com

두란노서원은 바울 사도가 3차 전도 여행 때 에베소에서 성령 받은 제자들을 따로 세워 하나님의 말씀으로 양육
하던 장소입니다. 사도행전 19장 8-20절의 정신에 따라 첫째 목회자를 돕는 사역과 평신도를 훈련시키는 사역,
둘째 세계선교™와 문서선교단행본·잡지 사역, 셋째 예수문화 및 경배와 찬양 사역, 그리고 가정·상담 사역 등을 감
당하고 있습니다. 1980년 12월 22일에 창립된 두란노서원은 주님 오실 때까지 이 사역들을 계속할 것입니다.

# 아라비아의 예수

## Jesus of Arabia

복음 안에서
만나는 중동

앤드류 톰슨 지음

오주영 옮김
김태완 · 김현경 감수

두란노

○ 선교가 무엇일까? 아직도 잘 모르겠다. 궁금하여 그 뜻을 곱씹어 본
지는 오래되었다. 하나의 소통이라는 것은 조금 알고 있다. 그렇다
면 이슬람 세계에 사는 기독교인이 무슬림과 소통하기 위해서는 무
엇이 바탕이 되어야 할까? 내러티브로서의 복음에 대한 이해는 기본
일 것이다. 더불어 아랍 문화, 이슬람 문화, 아랍 무슬림 문화에 대한
이해가 따라 줘야 한다.

그런데 무슬림과 소통하겠다는 기독교인 가운데 어쩌면 많은 이들
이 내러티브로서의 성경도 모르고 무슬림도 그 문화도 모른 채 일방
적인 외침이나 뻔한 함정 가득한 질문을 던지는 것에만 익숙할지도
모르겠다. 그런 이들에게 《아라비아의 예수》가 작은 실마리를 안겨
줄 것이다.

이 책은 가족, 명예, 환대 같은 키워드를 바탕으로 성경과 아랍 문화
를 비교하며 복음을 소개한다. 아랍 무슬림이 전혀 낯선 문화 속에
갇혀 있는 이들이 아니라 기독교인과 다르지 않은 가치관을 갖고 살
아가고 있음을 보여 준다. 그것은 걸프 아랍 산유국의 무슬림도 예
수의 복음을 이해할 수 있는 바탕이 마련되어 있음을 떠올리게 한다.
'예수는 아랍 무슬림에게 어떻게 말했을까?' 이 질문을 안고 아랍 현
장에서 살아온 저자의 깨달음과 고민을 함께 짚어 보면 좋겠다.

**김동문 선교사** 아랍 이슬람 연구자

○ 혹시 아라비아반도에 여행을 가는 사람이 있다면 이 책을 들고 비행기에 오르기를 바란다. 책 읽기를 마칠 즈음 비행기가 아랍 땅에 착륙할 것이다. 그 사람은 이 책에서 읽은 아랍의 가족들을 만나 보고 싶은 기대가 커질 것이다. 그들의 잔치에 참석해서 운율을 맞춰 노래하고 시를 읊고 싶을 것이다. 함부로 아무 자리에 앉지 않고 조용히 눈치를 보게 될 것이다. 이로써 그는 아라비아 땅에서 존중받는 손님이 될 것이다.

이슬람을 소개하는 다른 많은 책들과 이 책은 확연히 다르다. 첫째, 이 책에서는 테러범들의 위협과 총성이 들리지 않는다. 둘째, 이슬람의 허점을 캐거나 그들의 이상함을 조롱하거나 고발하지 않는다. 셋째, 기독교의 우월함을 교리와 함께 일방적으로 주장하는 일도 없다. 하지만 이 책은 우리를 놀라게 하는데 저자는 담론의 출발을 '집'에서 시작한다. 가족, 빵, 물, 결혼식, 달리기는 모두 우리 주변의 흔하고 친숙한 내용들이다. 이 주제들을 가지고 성경의 가장 중요한 가르침을 아랍 사람들의 문화적 관점에서 해석한다. 무엇보다 독자들에게 무슬림들과 복음을 나눠 보고 싶은 마음을 불러일으킨다. 다만, 저자가 의도적으로 이슬람과 기독교의 충돌이 되는 주제들을 부록에서 다루었는데 그것들을 본론에서 다루었으면 더 좋았겠다는 아쉬움이 조금 남는다.

아랍인에게 복음을 전하려는 사람이라면 이 책을 꼭 읽기를 바란다. 상황화를 통한 선교 전략이 점점 중요하게 인식되고 있는 이때에 저자의 겸손하고 주의 깊은 태도가 큰 도움이 될 것이다.

**김마가 선교사** GO 선교회 대표

ㅇ 이 책은 지금 우리가 갖고 있는 문화적 렌즈로 복음서의 예수를 이해하는 것이 아니라 그 시대, 즉 2천 년 전 팔레스타인<sup>지금의 중동</sup>의 문화적 시대적 배경 가운데 이해하려는 참신하고 드문 시도다. 이러한 시도는 우리 그리스도인들이 오늘날 중동의 문화적 프레임 안에서 '이슬람'이라는 종교를 갖고 살아가는 무슬림들에게 '적대와 반목'이 아닌 '대화'라는 태도로 다가갈 수 있게 도울 것이다. 복음서의 예수를 만나지 못했던 무슬림들이 자신들의 문화 안에 살았던 예수를 더 쉽게 친근히 이해할 수 있도록 우리 그리스도인들이 노력한다면 무슬림들은 지금보다 좀 더 쉽게 예수님을 따를 것이다. 이런 시도를 꿈꾸는 모든 그리스도인들이 반드시 읽어야 할 책이다. 무슬림들의 '개종'이 아니라 '예수님을 향한 진정한 회심'이 일어날 것을 기대하고 기도하는 조국의 모든 그리스도인에게 일독을 권한다.

**이현수 선교사** 프론티어스 코리아 대표

○ 그리스도인들이 무슬림을 생각하면 적대자 이미지<sup>Feindbild</sup> 가 먼저 떠오른다. 그래서 기독교와 이슬람 사이의 대화 는 쉽지 않다. 저자 역시 이를 모를 리 없다. 하지만 그는 걸프 지역에서 20여 년을 살면서 성경과 꾸란을 심층적 으로 연구했고, 기독교인의 시선뿐 아니라 걸프와 레반 트 지역 무슬림들의 내부자적 시각<sup>Insider's perspective</sup>으로 예 수를 깊이 바라보았다. 이제 그가 그리스도인과 무슬림 들을 문명의 충돌 현장이 아니라 문화와 대화의 마즐리 스로 초대한다. 예수에 대해서 함께 토론해 보자고 말이 다. 이 책을 온 맘 다해 추천한다.

**신철범 목사** 아랍에미리트연합 두바이한인교회 담임목사

7

○ 20여 년간 걸프 지역에서 성공회 교회를 섬긴 저자는 아라비아 걸프의 문화와 시선으로 복음서의 예수님의 가르침들을 설명한다. 기독교인들에게는 서구의 시선이 아닌, 예수님 시대의 문화가 여전히 남아 있는 걸프의 문화로 복음서를 더욱 잘 이해할 수 있도록 설명하고 있다. 또한 무슬림에게는 그들에게 익숙한 걸프 지역의 문화로 예수님의 가르침들을 설명함으로써, 종교적 선입견으로 거부했던 복음서의 이야기들을 배울 수 있는 기회를 제공하고 있다.

저자는 이 책을 통해 기독교인들과 무슬림들 모두가 존경하는 예수님의 가르침들에 대해 서로의 종교적 차이를 넘어서서 함께 이야기를 나눌 수 있는 대화의 장을 마련하고자 했다. 종교적 갈등과 충돌이 아닌 대화와 공존을 고민하는 기독교인과 무슬림 모두에게 이 책을 권하고 싶다.

**이재훈 목사** 온누리교회 담임목사

○ 오랜 세월 아라비아반도에서 사역한 저자의 탁월한 안목
과 무슬림들을 향한 애정을 담은 책이다. 이 책은 예수님
의 메시지들을 아라비아의 문화로 설명하여 기독교인들
과 무슬림들 모두가 예수님의 말씀을 조금 더 잘 이해할
수 있게 했다. 또한 무슬림들이 가지고 있는 예수님에 대
한 오해들을 아라비아의 문화로 설명하고, 무슬림들에게
꾸란과 성경에 나타난 예수님을 함께 소개함으로써 무슬
림들이 자신들이 가진 편견을 뛰어넘어 예수님을 만날
수 있도록 돕고 있다.

**노규석 목사**  온누리M센터장

이 책을 아내 나비나에게 바칩니다.

아내는 자신의 문화적인 감수성을 통해
제가 성경의 보화를 볼 수 있도록 눈을 열어 주었습니다.
아내의 통찰 덕에 저는 한층 더 깊이 있는
동서양의 관점을 아우르게 되었으며
이로 인해 말할 수 없이 풍요로운 삶을 경험하고 있습니다.

여러 종교들의 교리를 살펴보면 서로 상당한 공통점이 있습니다. 모든 종교는 인간의 생명을 존중하고, 평화와 안정을 추구하며, 서로를 소중한 개인으로 인정할 책무 등을 통해 신자들을 가치 있는 삶으로 인도합니다. 또 인간의 궁극적인 존재가 이 땅에서의 삶으로 끝나지 않는다는 이해가 종교 간의 대화를 가능하게 합니다. 다른 문화권에서 살아가는 인류에 대한 폭넓은 시야를 확보하기 위해 우리는 먼저 우리가 살아가는 방식을 신중하고 공정하게 이해해야 합니다.

서로 다른 신앙을 가진 사람들과 교류하거나 다른 전통과 문화에서 나고 자란 사람들 사이에서 공통점을 발견하는 것, 또 모든 종교의 공통 핵심 가치를 활용하는 원리들은 아랍에미리트연합<sup>UAE,</sup> United Arab Emirates이 추구하는 것이기도 합니다. 아랍에미리트연합은 이미 작고한 초대 대통령 셰이크 자이드 빈 술탄 알 나흐얀의 비전에 따라 아랍에미리트연합의 국왕이자 대통령이며 아부다비의 통치자인 셰이크 칼리파 빈 자이드 알 나흐얀의 현명한 지도 아래 지속적으로 서로 다른 문화권에 속한 사람들의 간극을 좁히고 서로 연합할 수 있는 유대감을 찾아 이를 실현하는 데 힘써 왔습니다. 우리는 개개인의 독실한 신앙인들과 다양한 종교와 문화와 신앙과 배경을 가진 민족을 대표하는 기관들이 정직하고 선량한 믿음의 대화를 통해 세상을 보다 선하고 평화롭고 번영하는 곳으로 만들 수 있다고 믿습니다.

앤드류 톰슨은 이 책에서 이슬람과 기독교라는 두 세계를 함께 바라보면서 상상력과 독창성, 솔직함, 용기를 가지고 이에 응답합니다. 톰슨은 깊은 신앙을 소유한 기독교 신자이지만 억지로 개종을 강요하지 않습니다. 포괄적이고도 총체적인 그의 비전 덕에 그동안 이슬람과 기독교를 함께 합리적으로 숙고하는 작업을 가로막던 장애물을 마침내 넘어설 수 있게 되었습니다.

"내 나라는 이 세상에 속한 것이 아니니라."<sup>요 18:36</sup>

예수님의 이 가르침을 언급하며 톰슨은 자기 비전을 분명히 드러냈습니다. 톰슨은 이렇게 말합니다. "하나님 나라는 이 세상의 국적, 나라, 인종, 종교, 심지어 시간까지도 모두 뛰어넘는 백성들을 의미한다."

톰슨은 모든 독자를 자신의 마즐리스로 초대하고 있습니다. 아크바르 대제16-19세기 인도를 통치한 무굴제국의 3대 황제. 종교적 관용 정책으로 유명하다&옮긴이주는 16세기 무굴 법정에 변호인들을 초청해 다양한 종교적 견해를 이해하고 존중하려 했습니다. 마찬가지로 톰슨도 종교 경전을 당대 배경에서 널리 알려진 견해와 가정들을 근거로 읽어냄으로써 그 의미를 새롭게 일깨우는 대화의 장을 열어 줍니다. 그는 무슬림과 기독교인 양쪽 모두를 명예로운 자리로 초청합니다.

톰슨은 성경 본문, 특히 복음서를 성서적으로나 인류학적 증거를 통해 아주 유익한 방식으로 아랍의 상황 속에서 살핍니다. 마크 앨런의 지즈jizz 개념을 대담하게 적용해서 방대하고 다양한 증거 더미를 체계적으로 정리했습니다. 톰슨이 공감하며 개인적으로 터득한 주석은 아랍 문화에 친숙하지 않은 독자들에게 특히 도움이 될 것입니다.

톰슨은 예수님에 대한 이해를 보다 세밀하면서도 폭넓게 다듬어 가면서 꾸란과 무함마드 선지자의 삶을 재조명합니다. 톰슨은 이슬람을 존중함으로써 무슬림을 진정으로 끌어안는 비전을 제시하고 그들의 문화와 신앙 속에 새로운 통찰력을 줄 수 있는 가능성을 열었습니다.

이 책이 케임브리지대학교 데이비드 포드David Ford 교수가 이끄는 '신앙종교 상호 관계 연구 프로그램'과 같은 유의 대화를 활발하게 할 것이라는 톰슨 목사의 희망과 기대에 부합하리라 여겨집니다. 그런 대화는 서로 다른 신앙을 가진 사람들이 종교 경전을 함께 읽고 자신이 가진 신앙의 관점에서 이를 토론할 때 가능합니다. 이런 책을 읽거나 그런 대화에 참여함으로써 다른 이들의 전통뿐만 아니라 자신의 전통까지도 더욱 깊고 확실하게 이해할 수 있습니다. 나아가 세계 주요 종교를 존중하고 이해할 기회를 얻을 뿐만 아니라 현대 세상에서 신앙이 선을 이루기 위해 얼마나 강력한 힘을 발휘할 수 있을지 확인하게 될 것입니다.


° 셰이크 나흐얀 무바락 알 나흐얀
아랍에미리트연합 문화·청소년·지역개발부 장관

차 례

Part 2.

# 아랍의 종교관과
# 예수의 복음

/

Part 3.

# 아랍의 여성관과
# 예수의 복음

/

Part 4.

# 아랍의 언어 세계와
# 예수의 복음

/

**편집자 일러두기**

1. 이 책에서 설명하는 '아라비아 걸프the Arabian Gulf'는 아라비아반도의 '사우디아라비아, 예
   멘, 아랍에미리트연합, 오만, 카타르, 바레인, 쿠웨이트'와 그 외의 걸프 지역인 '이라크'를
   합친 지역이다.

2. 이 책에 실린 아람어 용어들은 현지 원어 발음과 가깝게 표기했다.

3. 도서명은 아래와 같이 표기했다.
   국내에 번역되어 출간된 책일 경우: 《국내 출간 도서명원서명, 국내 출판사명》
   국내에 출간되지 않은 책일 경우: *원서명*원서명의 직역

아랍의
상황 속에서
예수를 읽다

　무슬림과 기독교인이 예수님에 관해 대화를 나눈다면 어디에서
부터 시작해야 할까? 아마도 신약 성경의 복음서들이 가장 적절한
출발점이 아닐까 싶다. 기독교는 사복음서를 예수님과 그분의 말
과 행위를 기록한 권위 있는 정보의 원천으로 평가하기 때문이다.
물론 예수님을 언급하는 이슬람 자료들도 있는데, 특히 꾸란Qur'an이
그렇다. 이 모든 자료를 연구해 보면 두 종교 사이에 의견 일치를
보는 지점이 있다. 바로 예수님이 하나님이 보낸 선지자이자 선생
으로 인정받은 역사적 인물이라는 것이다. 물론 그 너머에는 예수

님의 지위를 두고 날카로운 의견 대립이 있다. 이 책에서는 복음서에 기록된 예수님의 가르침과 사건 일부를 살펴보며 중동 사람과 아랍인들이 이를 어떻게 해석할지 추론해 보고자 한다.

누가복음에 기록된 예수님과 삭개오라 불리는 세관원의 만남부터 살펴보자.

### 친숙한 이야기 다시 읽기

> 예수께서 여리고로 들어가 지나가시더라 삭개오라 이름하는 자가 있으니 세리장이요 또한 부자라 그가 예수께서 어떠한 사람인가 하여 보고자 하되 키가 작고 사람이 많아 할 수 없어 앞으로 달려가서 보기 위하여 돌무화과나무에 올라가니 이는 예수께서 그리로 지나가시게 됨이러라 예수께서 그곳에 이르사 쳐다보시고 이르시되 삭개오야 속히 내려오라 내가 오늘 네 집에 유하여야 하겠다 하시니.
>
> 누가복음 19장 1-5절

이 이야기는 삭개오가 예수님을 집으로 모셔와 자신이 사람들을 속여 과도하게 거둬들인 세금을 그들에게 다시 돌려줌으로써 자신의 회개를 입증하는 과정을 보여 준다. 이를 보고 무리는 예수님이 계속해서 어울릴 친구들을 잘못 고르고 있다고 수군거렸다.

세리 삭개오는 자기 민족을 강점한 로마 군대의 협력자였다. 민족의 비열한 배신자로 통했을 것이다. 예수님이 이런 부패한 세리와 시간을 보내실 만큼 자신을 낮추셨다는 것이 일반적인 서구 기독교 신자들이 생각하는 삭개오 이야기의 핵심이다. 지난 수 세기 동안 서구 교회의 신학자들은 매우 친숙한 이 이야기의 주제가 '예수님이 죄인들을 구원하러 오셨다'라고 가르쳐 왔다.

그렇다면 이 속에서 이끌어 낼 수 있는 다른 교훈은 과연 없을까? 서구와는 다른 문화권에 있는 오만Oman 사람들은 이 이야기를 처음 듣자마자 '이것은 말도 안 되는 괴상한 행동'이라며 아주 흥미로운 반응을 보였다. 그중 한 사람은 이렇게 목소리를 높였다. "어떻게 예수는 무례하게도 다른 사람에게 자신을 집에 초대하라고 먼저 요구할 수 있나요? 우리 문화에서는 집주인이 초대 의사를 명백히 밝히기 전에 이웃집을 찾는 것은 꿈도 꾸지 않습니다. 가장 비천한 시민의 집이라 해도 초대받지 않으면 오만의 술탄군주조차도 그곳에 들어갈 권리가 없지요. 누구든 초대받을 때까지 기다려야 합니다. 초대받지 않고도 방문할 특권을 가진 유일한 분은 하나님밖에 없습니다."

그는 자신이 내뱉은 말에서 무언가 중요한 사실을 깨달은 듯 얼버무리기 시작했다. 이 대화를 직접 지켜본 미국의 한 기독교 신학자는 그동안 이루어진 어떤 학문적 연구에서도 이런 식의 해석을 들어 본 적이 없다고 말했다. 그리고 오만 사람들과의 만남을 계기로 그는 익히 알려진 이 복음서 이야기에 대해 다시 질문을 던지기 시작했다.

미국의 인류학자 스티븐 캐이튼Steven Caton은 *Yemen Chronicle*예멘 연대기이라는 책에서 다른 사람에게 자신을 집으로 초대하라고 자청하는 것에 대한 아랍인들의 반감을 기록했다. 초대받지 않고 다른 사람들의 집을 방문하는 것은 '에입aib' 즉 '수치'로 간주한다는 것이다.[1]

서구 교회는 수 세기 동안 이 이야기의 진정한 요점을 놓쳐 왔던 것은 아닐까? 예수님의 문화가 서구 문화보다 아라비아의 문화와 비슷하다면 서구 사람들보다 아랍인들이 그분의 메시지를 좀 더 잘 이해할 수 있지 않을까? 오만 사람은 이 이야기를 쿠웨이트 사람이나 바레인 사람과는 다르게 해석할 가능성이 있을까?

이를 알기 위해서는 걸프 지역 아랍인들이 복음서를 읽고 예수님의 말씀과 행동들을 그들의 문화 프리즘을 통해 어떻게 해석하는지 살펴봐야 한다.

그런데 문제가 있다. 예수님의 가르침을 대면할 기회도 없는 걸프 지역 아랍인들에게서 어떻게 그들의 해석을 들을 수 있겠는가? 전통적으로 이런 시도를 꿈조차 꾸지 못한 이유는 정통 이슬람이 예수님의 신성을 이해하는 유일한 자료로 꾸란만을 한정하기 때문이다. 그런데 꾸란에서는 진리를 확증하기 위해 유대인과 기독교인들의 경전을 살펴보라고 무슬림들에게 조언하기도 한다.

우리가 당신에게 계시했던 것을 당신이 의심한다면 당신보다
먼저 성경을 읽은 사람들에게 물어보라. 진리는 주님에게서

왔으니 의심하지 말라.

꾸란 10장 94절

그런데 여기에서 '예수님이 실제로 뭐라고 말씀하셨는가'가 가장 중요한 질문일 수 있다. 이것이야말로 기독교인과 무슬림 사이 종교 간 대화에서 나누어야 할 모든 질문 가운데서도 핵심 질문일 것이다. 무슬림은 다음 몇 가지 이유 때문에 예수님의 원래 메시지가 변형되었거나 사라졌다고 확신한다.

첫째, 신적 지위를 주장하는 또 다른 선지자의 존재를 인정하는 것은 이슬람의 파문을 의미하기 때문이다. 둘째로, 무슬림들은 복음서에 대해 문서 연구를 하는 이유가 복음서 내용이 충실히 보존되어 있지 않기 때문이라 여긴다. 예수님이 그 당시 직접 하셨던 말씀 그대로 전해 들을 수 있겠냐는 것이다. 예수님은 아람어를 사용하셨지만 예수님의 가르침을 적은 가장 초기 기록은 헬라어로 되어 있다는 점을 지적하면서 말이다. 그들은 번역 과정에서 잃어버린 메시지가 있다고 여기는 것이다.

마태, 마가, 누가, 요한 복음서에는 서로 비슷한 예수님의 가르침이 많다. 그러면서도 각 복음서는 나름의 독특한 이야기를 담고 있다. 또한 같은 이야기라 할지라도 각 복음서의 저자는 내용을 생략하기도 하고 다양한 각도에서 변화를 주기도 한다. 이러한 이유로 무슬림들은 '복음서가 어떻게 예수님의 메시지를 원형 그대로 보존할 수 있는지' 의문을 가지게 되는 것이다.

이뿐만 아니라 해석과 관련된 문제점을 역시 간과할 수 없다. 원래 중동의 청중들이 이해했던 예수님의 가르침은 서양 문화를 관통해 오면서 어떻게 내용이 바뀌었을까? 앞서 살펴본 것처럼 아랍인들은 복음서를 서구 교회가 제공한 해석과 아주 다른 방식으로 받아들인다.

기독교 신앙을 이해하려면 예수님이 실제로 하신 말씀 그 자체에 대해 묻는 것으로 되돌아가는 게 중요하다. 기독교인들은 복음서에 기록된 예수님의 말씀을 신뢰할 근거가 있다고 믿는다. 그렇게 확신하는 이유들을 이 책 전반에 걸쳐 살펴볼 것이다. 이 확신은 누군가 강요해서 갖게 되는 것이 아니요, 더욱이 거짓을 믿는 믿음 또한 아니다. 어디까지나 복음서 본문을 역사적인 문서로 대하고 합리적이고 실증적으로 접근함으로써 생기는 확신이다. 이 책 말미에서는 기독교인들이 복음서 내용의 진실성에 확신을 갖는 이유들과 무슬림들이 납득할 수 있는 근거 역시 제시하려 한다.

그리고 나서 복음서가 예수님의 가르침과 업적을 기술한 믿을 만한 문서라는 사실을 받아들이게 되었을 때 중동을 배경으로 한 그 당시 청중들은 과연 이것을 어떻게 해석했을지 생각해 볼 수 있을 것이다.

주해Exegesis란 성경 본문을 통해 예수님이 사셨던 당대 세상의 행동과 문화와 종교와 의미들을 '읽어 내는' 훈련이다. 따라서 주해를 잘하려면 예수님이 자신의 청중들에게 무엇을 전달하려고 했는지 그 내용을 당시의 상황에 맞춰 가장 적절하고 정확하게 이해할 수 있어야 한다. 여기에 기독교인과 무슬림 사이의 대화는 유익한 통찰력을 제공해 준다. 아랍의 전통 문화 세계가 전형적인 서구 기독교인보다 예수님의 사고방식과 좀 더 일치하기 때문이다.

이 책에서는 예수님의 문화 세계와 아라비아 걸프의 이슬람 문화 세계 간의 관련성을 강조하고자 한다. 이를 위해 복음서에서 발견되는 예수님의 가르침 몇 가지를 골라 출발점으로 삼아 아랍의 상황에서 어떻게 해석할 수 있을지를 살피고자 한다.

이 책을 쓰면서 두 부류의 독자를 염두에 두었다. 첫째 이 지역에 사는 외부인인 서구 기독교인이다. 아라비아 문화는 성경의 지역과 문화와 유사한 면이 많다. 이 같은 문화 유사성 덕분에 가족관계와 부족 동맹에 대한 강한 헌신은 물론, 성경 속 인물들이 느꼈을 수치와 명예 등을 더욱 깊이 공감할 수 있다. 또한 바다, 산, 사막, 오아시스가 등장하므로 성경의 실질적인 지형학과도 연관성이 있다.

무엇보다 이 지역에 살면서도 자신의 삶에 깊이 영향을 미치는 주변 환경과 성경의 상관성을 제대로 알지 못하는 서구 출신 이주민들에게 아라비아 걸프 문화를 설명하고 싶다. 걸프 지역에는 인도나 필리핀 등지에서 이주해 온 기독교인도 많다. 나는 그들을 주된 독자로 보지는 않는데 거기에는 두 가지 이유가 있다. 우선 동방의 교회는 서구 교회와 매우 다른 역사를 가지고 있다. 이슬람과의 관계에서 특히 그 차이점을 발견할 수 있다. 서구 사회에서는 이슬람을 항상 부정적인 용어로 규정하며 거리가 먼 '타자'로 여겨 왔다. 하지만 동양에서는 역사를 통틀어 이슬람이 광범위하게 이웃하고 있었으며 동방 교회는 예수님의 말씀에 훨씬 더 근접할 수 있는 문화적 동질성을 가지고 있다. 성경에도 나타나 있는 수치와 명예라는 가치개념이 행동을 지배하는 문화에서 여전히 살고 있기 때문이다.

다음으로 아시아 언어권에는 내가 이 책의 독자들을 위해 묘사하거나 접근할 수조차 없는 풍성한 전통을 바탕으로 한 성경 주석과 학자들이 존재한다. 그래서 나는 서구에서 온 기독교 이방인으로서 예수 그리스도의 이야기와 가르침들을 통해 아라비아 걸프 문화에 더 깊이 관여하고자 노력하는 자세로 이 글을 썼다.

'아라비아 걸프 문화'를 말하는 데는 당연히 어려움이 따른다. 아랍 문화 전부를 획일적인 실체로 보고자 하는 유혹이 있지만 사실 아랍 문화들 사이에는 상당한 차이점이 존재하며 명백한 유사성은 미묘한 편이다. 아랍의 역사와 여론과 문화의 지역적 차이점을 기록한 다양한 저자들이 이런 내용을 광범위하게 제시했다.[2]

걸프 지역 문화가 다른 중동 문화와 구별된다는 점도 분명히 해야 한다. 걸프 지역 아랍인들은 고정관념 때문에 그들의 문화가 가진 가치를 제대로 인정받지 못하는 것에 유감을 표하곤 한다.

첫 번째 견해는 걸프 지역이 교육 수준이 낮고 손쉽게 부를 쌓을 수 있으며 남성우월주의와 종족 중심주의가 문화적 역동성을 방해하고 전통적·문화적 규범과 관행만을 중시하는 뒤떨어진 지역이라는 것이다. 반대 견해는 이 지역이 전통 문화를 철저히

훼손하면서 빠른 속도로 초현대화되고 있으며, 특히 여성이
이를 선도해 세계적이고 국제적인 곳으로 탈바꿈하는 중이라는
것이다. 이 두 가지 정반대 관점을 결합한 부정적인 견해는 근대
문화가 아직 뿌리내리기 전에 전통 문화가 근본적으로 파괴되고
있음을 암시한다.[3]

언어, 종교, 지리적 연계성 때문에 아라비아 걸프 국가들을 중
동의 일부로 간주한다. 그러면서도 걸프 국가들을 다른 중동 국가
들과 구별 짓는 것은 반박의 여지없이 '넝마에서 부자로' 바뀐 경이
로운 변신 스토리다. 그들의 영토에서 풍부한 유전이 발견되면서
그들은 일순간 부를 거머쥐었다. 그 결과 이주민 노동력이 대규모
로 밀려들었고 이 지역에 유전을 기반으로 한 새로운 경제 개발에
필요한 인력과 기술을 쏟아부었다. 이 독특한 역사적 사건은 아라
비아 걸프 국가들에게 다른 중동 국가들, 특히 비이슬람 신앙을 가
진 사람들과 관련된 지역과는 다른 역동성을 부여했다.

이런 걸프 아랍인들이 내가 염두에 둔 이 책의 두 번째 독자다.
그들 중 다수는 서구에서 교육기관이나 대학교에 다니며 다른 문
화를 접해 본 경험이 있을 것이다. 많은 사람들이 전 세계에서 온
기독교인과 함께 살거나 함께 일하고 있기도 하다. 그런데 기독교
신앙에는 그들을 혼란스럽게 하는 많은 의문점들이 있다. 특히, 삼
위일체 교리와 하나님인 동시에 사람인 존재를 믿는 신앙은 그들
입장에서 불편한 갈등을 야기하는 것이다. 기독교를 예수님의 원

래 메시지와 거리가 먼 부패한 '서구' 종교로 몰아내려는 유혹도 존재한다.

나는 중동에 뿌리내린 신앙의 경전인 꾸란 스스로도 예수님의 원래 메시지가 하나님이 인류에게 보내신 계시임을 증거한다는 사실을 다시 밝히려 한다. 꾸란은 예수님을 언급하고 실제로 그분을 경외한다. 그러면서도 정작 예수님이 가르치신 내용 자체는 거의 담고 있지 않다. 제프리 패린더Geoffrey Parrinder는 그의 책 *Jesus in the Qur'an*꾸란 속 예수에서 예수님에 관한 꾸란의 가르침을 이렇게 요약한다.

> 그는 '이적', '자비', '증인', '본보기'이다. 그는 예수라는 이름에
> 걸맞게 메시아그리스도이며 마리아의 아들이었고 중재자,
> 선지자, 종, 하나님의 말씀과 하나님의 영이라 불린다. 꾸란은
> 예수님의 수태와 탄생에 관한 두 가지 이야기를 전하며 그분의
> 가르침과 병 고침, 그리고 죽음과 승천을 간단히 언급한다.
> 꾸란에서 세 쑤라surat; 꾸란의 장(章)가 예수님을 가리키는 제목으로
> 명명되었다. 꾸란 3, 5, 19장[4] 또한 15개 장의 93개 절에서 예수님을
> 언급한다. 더욱이 언제나 존경을 담아 예수님을 인용한다. 그분이
> 하나님의 그리스도라는 데는 비판의 여지가 없다.[5]

이슬람 자료 가운데 예수님의 가르침에 관한 몇 가지 이야기들이 있다. 타리프 칼리디Tarif Khalidi가 이슬람 문학에 실린 예수님의 말

씀과 이야기들을 모은 포괄적인 저서《무슬림 예수*The Muslim Jesus*, 소동 역간》에 실린 이야기들이다. 하지만 예수님의 비유나 가르침은 주로 신약 성경의 복음서에 기록되어 있다.

걸프 아랍인들이 예수님의 가르침에 접근하는 것을 가로막는 가장 큰 문제점은 복음서 본문이 '타흐리프Tahrif; 변조 또는 변질'가 있다고 여기는 것이다. 복음서를 예수님의 가르침에 대한 충실하고 진실한 기록의 원천으로 인정할 만한 역사적 뒷받침이 허술하므로 복음서 본문을 신뢰할 수 없다는 것이다. 기독교인이라면 역사적 접근법을 통해 복음서를 전적으로 신뢰할 수 있는 이유에 대해 분명히 증명할 필요가 있다. 타흐리프와 관련된 안건은 이 책 후반부에 있는 부록 1에서 논의할 것이다.

이제 서구 기독교는 신약 성경의 셈족 문화에서 너무 멀리 떨어져 있기 때문에 서구 기독교인들은 예수님의 가르침에 담긴 사회적 맥락을 오해할 위험에 처해 있다. 성경은 중동의 책으로 오늘날 다른 세상 사람들은 물론이고 중동 사람들과 여전히 상관이 있다. 성경이 다루는 주제들은 안보와 평화를 추구할 필요성, 우리의 목적을 규정하는 정체성, 국가와 민족과 환경의 조화에 대한 갈망 등 인류가 관심을 쏟는 보편성을 띠고 있기 때문이다.

이슬람과 기독교가 서로 더 소원해질 위험에 처한 시대에 예수님의 가르침에 대한 이 연구가 두 종교 간 대화의 작은 계기가 될 수 있기를 희망한다. 이를 잘 설명할 수 있는 도구들을 제시하여 우리들 가운데 공유할 수 있는 점을 찾아 서로 맞닿을 수 있는 계기를 마련하고자 한다.


## 이 책의 배경


이 지역에는 스스로를 '칼리지Khaleeji; 걸프 지역에 사는 아랍인'라고 말
하는 사람들이 약 5천만 명쯤[6] 산다. 대개 아라비아 걸프 국가의 시
민권이 있는 사람들이다. 내가 이들 사이에서 산다고 말할 수 있어
기쁘다. 나는 걸프 지역에 사는 것이 좋다. 영국에서 나고 자란 터
라 날마다 침실 창문으로 찌르는 듯한 햇빛이 쏟아져 잠을 깨는 일
에 여전히 매번 놀라움을 금치 못한다. 어두컴컴한 날씨에 무거운
발걸음으로 일하러 나가거나 얼음처럼 차가운 비가 무자비하게 쏟
아지는 어둠을 가르며 집에 돌아가는 나날은 더 이상 없다.

한편 어마어마한 쇼핑몰, 반짝이는 첨탑들과 현기증 나는 건축
양식이 일상에 배경으로 드리워져 있어 이곳의 생활양식은 가히
'할리우드 풍'이라고 표현할 만하다. 리처드 포플락Richard Poplak은 대
단히 유쾌하고 적나라한 여행기, The Sheikh's Batmobile세이크의 배트모
빌에서 미국 소셜 미디어의 기술적 영향력을 경이롭게 담아내면서
걸프 아랍인들의 정교하고 현대적인 취향을 강조한다. 여기서는
세계화가 절대 대세다. 익숙한 브랜드 제품에서부터 수많은 대중
매체에 이르기까지 걸프 지역 어딘가에는 언제나 해외 이주자들을
본국의 집으로 연결해 주는 뭔가가 있다.

또 다른 매력은 여기 사는 사람들의 다양성이다. 2006년 8월 25일 〈칼리즈 타임스*Khaleej Times*〉에 실린 노동부 통계에 따르면 전 세계에는 248개 국가가 존재하는데, 그중 무려 202개 국가 출신이 걸프 지역에 살고 있다.

이 모든 화려함과 풍성함과 거기 들어 있는 이색적인 매력에 흥분한 나머지 걸프 아랍인들의 시대를 초월한 문화를 간과할 수도 있다. 석유와 그로 인한 부유함보다 먼저 존재했던 문화, 사막으로 뒤덮인 땅에서 부족의 정체성과 관습을 중심으로 진행된 문화 말이다. 내가 돌아다닌 걸프 지역의 수많은 장소에서 이 문화의 증거를 볼 수 있었다. 집 앞에 펼쳐진 마즐리스, 교외에 있는 우리 집 정원 밖에서 양 떼를 부르는 목동, 일반 가정집 바로 옆 황무지에서 치러진 결혼식 파티, 누구나 와서 먹을 수 있는 쇼핑몰 앞 텐트에서 열리는 연회 등 수없이 많았다.

이런 문화를 처음 접했을 때 그리 크게 이질적이지 않아서 깜짝 놀랐다. 심지어 어딘지 익숙한 듯 느꼈는데 결국 내가 이곳과 관련을 맺는 계기가 되었다. 걸프 지역의 아랍 문화에서 내가 느낀 감동적인 여운은 기독교인으로서 가진 신념에 뿌리내리고 있다. 성경의 세계와 문화와 전통이 걸프 지역 아랍인들의 살아 있는 전통에 반영돼 있다고 느낀 것이다.

그리고 어느 날 불현듯 예수님의 가르침이 내가 살아가는 정황에서 삶으로 구현되는 것을 발견했다. 복음서 이야기의 원래 청중들에게 분명히 익숙했을 행동을 발견하고 "아하!" 감탄하는 순간을 여러 번 경험했다. 결국 예수님의 가르침에 대해 쓸 수밖에 없는 강력한 열망이 생긴 것이다.


## 무슬림과 대화를
## 시작하기 위하여


나사렛 예수 그리스도를 다루는 책들은 아주 많다. 논란이 되는 책도 있고 보수적인 책도 있다. 예수님은 수많은 시대에 걸쳐 떠돌아다니는 수피이슬람 신비주의. 춤추는 이미지로 유명하다-옮긴이주 같은 신비주의자, 마술 버섯에서 영감을 구하는 히피족, 교활한 정치 모사가, 유대인 현자, 또는 신화로까지 묘사되어 왔다. 이란 출신 무슬림 레자 아슬란Reza Aslan은 《젤롯Zealot, 와이즈베리 역간》이라는 최근 저서에서 '진정한' 역사적 그리스도는 로마인들의 손에 반역죄로 처형된 정치 반역자였다고 주장한다.

그래서 나는 《아라비아의 예수》가 무엇에 관한 책이 '아닌지'부터 먼저 설명해 보려 한다. 이 책은 예수님에 관한 정통 기독교 신앙이나 역사를 서술하거나 복원하려는 것이 아니다.나는 그들 모두가 똑같다고 믿는다 이 책은 기독교 신앙을 위한 변증이 아니며 사람들을 내 견해로 '개종'시키는 것이 목표가 아니라는 점을 강조하고 싶다.

이 책은 예수님이 기독교인과 아랍 무슬림 모두에게 어떤 의미가 있는지 서로 대화를 나누고 의견을 주고받을 수 있도록 접촉점

을 찾는 자리다. 아라비아 걸프 문화를 중재자로 사용해 기독교와
이슬람 두 신앙 체계 사이에 있는 공유할 수 있는 기반을 탐구하기
위함이다.


## 성경 문화와 아랍 문화

"그러면 성경 문화가 걸프 지역의 아랍 문화와 비슷한가?" 물론
큰 차이가 있다. 신약 성경의 배경은 로마제국이 장악한 시대로 당
시 예수님은 일상의 대화와 가르침을 현지어인 아람어로 하셨지만
고대 세계의 세계 공용어$^{lingua\ franca}$는 헬라어였다. 예수님을 둘러싼
묘사 중에는 주로 유대인의 신앙이나 공동체가 드러나는데 이들
인구의 대부분은 아랍인에게 두드러진 유목민 생활과는 달리 마을
과 촌락에 정착해 있었다. 또한 종교적으로는 로마제국이 가시적
으로 승인한 다양한 이교도의 제의와 사원들이 존재하고 있었다.
그것은 아라비아반도와 별개 세상으로 보인다.

하지만 성경의 세계와 아라비아 걸프의 문화 사이에는 연결점
이 많다. 무엇보다 중동 언어 중에서 공통적으로 셈어를 사용하니
언어의 기원이 같다. 예수님의 가르침을 기록한 현존하는 최초 문
서가 헬라어이기 때문에 예수님이 아람어로 말씀하셨다는 사실을
잊기 쉽다. 신약의 헬라어 진술은 예수님의 강력한 셈어 웅변 양식
을 취하는데 이는 아랍어에서도 거의 같은 가치의 의미를 지닌다.

예수님의 재판과 처형을 다룬 멜 깁슨의 영화 〈패션 오브 크라이스트The Passion of the Christ〉는 전부 아람어를 사용했는데도 불구하고 아랍인 관객들은 이를 이해하는 데 어려움이 없었다. 이들 언어는 문장 구조, 어원, 공유하는 세계관이 모두 같은 동족 언어다.

둘째, 아라비아 주민들이 전부 유목민이라는 대중적인 인식은 잘못된 것이다. 상당수 인구가 마을과 촌락에 거주한다는 점은 아라비아 걸프에서도 예외가 없다. 도널드 할리Donald Hawley는 협정 국가들영국이 부족 지도자들과 맺은 휴전 협정 때문에 붙여진 이름, 즉 오늘날의 아랍에미리트연합에 대해 글을 쓰면서 그 인구를 관찰했다.

> 아랍인은 전통적으로 두 개의 범주로 나뉘는데, 하다리hadarī와
> 베드윈 종족bedouin이다. 하다리는 동부 산악 지대와 오아시스에서
> 마을과 정원을 이루고 사는 정착민이고 베드윈 종족은 사막의
> 유목민이다. 농부 가인과 목동 아벨 사이에 끝나지 않은 영원한
> 전쟁은 매년 베드윈 종족의 동물들이 정착민들의 정원을 마구
> 짓밟으며 들이닥치는 시기마다 재개된다.[7]

셋째, 성경의 지형은 아라비아 걸프의 경관이나 때로는 실제 공간을 반영한다. 사람이 살아가는 물리적 환경은 문화적 행동을 만들어 낸다. 따라서 성경 시대부터 오늘날까지 수 세기에 이르는 동안 유목민과 그 사막의 경계에 정착한 정착민의 생활 방식 사이에는 비슷한 점을 발견할 수 있다. 그중 하나가 중동 전역에서 발견되

는 환대 문화다. 성경에서 예를 찾아보자.

> 눈을 들어 본즉 사람 셋이 맞은편에 서 있는지라 그가 그들을 보자
> 곧 장막 문에서 달려나가 영접하며 몸을 땅에 굽혀 이르되 내
> 주여 내가 주께 은혜를 입었사오면 원하건대 종을 떠나 지나가지
> 마시옵고 물을 조금 가져오게 하사 당신들의 발을 씻으시고 나무
> 아래에서 쉬소서 내가 떡<sup>빵, NIV</sup>을 조금 가져오리니 당신들의
> 마음을 상쾌하게 하신 후에 지나가소서 당신들이 종에게
> 오셨음이니이다 그들이 이르되 네 말대로 그리하라.
>
> 창세기 18장 2-5절

아브라함은 아라비아반도의 보편적인 환대 문화의 예를 보여
준다. 아브라함이 오늘날의 팔레스타인의 헤브론 땅에 머물고 있
을 때 하루는 자신의 장막에서 쉬고 있었다. 그때 낯선 사람들을 보
았고 즉시 그들을 따뜻하게 맞아들인다. 아내에게 빵을 조금 굽게
하고 송아지를 잡아 그들을 위한 식사 준비에 쓴다.

이 환대 예절은 오늘날도 여전히 작동한다. 그것은 사막이라는
척박한 환경에서 생겨난 것인데 그곳에서는 낯선 사람이 베드윈
종족 야영지에 접근할 수 있고 일단 초대를 받으면 최대한 3일까지
대접을 받으리라 기대할 수 있다. 환대는 가문의 명예를 높이는 것
으로 이를 행하지 않는 것은 곧 수치를 의미한다. 자신들의 마지막
고기를 낯선 사람들에게 내주어 먹게 한 베드윈 종족의 관대함에

대한 이야기들은 넘쳐 난다. 관대함 때문에 가난해질 수도 있지만 베드윈 종족의 명예라는 평판은 보장받는다.

## 아랍 문화의 네 가지 핵심 요소

전직 영국 외교관 마크 앨런<sup>Mark Allen</sup>[8]은 자신의 책 *Arabs*아랍인에서 아랍의 문화를 구성하는 필수 요소 중 몇 가지를 '아랍의 지즈<sup>Jizz</sup>'라고 부르며 강조하고 있다. '지즈'는 조류를 식별할 수 있도록 조류의 전반적인 특징을 기술하는 조류학 용어다. 앨런은 네 가지 특별한 지즈에 대해 언급하는데 혈연부족과 가족의 중요성, 수치와 명예, 환대과 종교공동체를 형성하고 법으로서의 역할, 여성 역할에 대한 정의와 규정, 그리고 마지막으로 언어, 즉 아랍어가 어떻게 아랍의 정체성을 나타내며 전통의 수호자 역할을 하는지에 대한 내용이다. 분별 있는 독자라면 이런 범주들을 전 세계 수많은 문화에 보편적으로 적용할 수 있음을 알 것이다.

그런데 이 책의 구성을 고민하면서 나는 이 네 가지 지즈의 범주들, 즉 아랍의 정신세계를 구성하는 필수 요소들을 예수님이 가르치신 내용과 연관시키기로 했다. 이것은 예수님의 가르침을 재단하는 매우 인위적인 방법인데 실제로 예수님의 비유 중 상당수가 문화의 한 가지 단면 이상을 다루기 때문이다. 그럼에도 불구하고 이 네 가지 지즈는 아라비아 걸프의 문화와 예수님의 가르침 사이에 존재하는 연관성을 정리하고 강조하는 데 유용한 도구가 된다. 이 책의 각 부는 앞에 명시한 네 개의 지즈를 자세히 살펴보는 것으로 시작해, 그 범주와 관련된 예수님의 가르침을 소개하고자 한다.

이는 본질적으로 종교 간 대화이기 때문에 아라비아 걸프에서 이슬람이 어떤 역할을 하는지 바로 알아야 한다. 이슬람을 언급하지 않은 채 아라비아 걸프 문화를 이야기하는 것은 신랑이나 신부에 대한 언급 없이 결혼을 묘사하는 것이나 같다.

그래서 아라비아 걸프 문화에서도 가장 핵심적인 측면이 이슬람이라는 점을 분명히 해야겠다. 이슬람 이전의 삶은 고대 무역상들의 흔적을 드러내는 고고학 유적지에 문서화되어 잘 나타나 있는데, 이들은 과거 4천 년 동안 걸프 지역에 살았으며 일부 지역에서는 그보다 더 오래 살았다.[9] 하지만 이슬람 이전의 문화는 수 세기를 거쳐 이슬람 양식과 세계관 속으로 융합되었다. 공식 통계에 따르면 사실상 모든 걸프협력위원회[GCC10] 소속 국가들은 인구의 99.9퍼센트가 무슬림이다. 유일한 약간의 차이가 쿠웨이트와 바레인에서 나타나는데 이들 나라에는 토착 인구에 기독교인, 바하이교인이란 출신 바하올라가 창시해 현재 이스라엘에 본부를 둔 종교로 신과 종교와 인간의 융합을 목표로 한다-옮긴이주, 심지어 유대인도 포함되어 있다.

예수님은 중동에서 자란 분으로 문화적 측면뿐만 아니라 종교법과 관련된 여러 경험들을 비추어 보았을 때 미국이나 영국 기독교인보다는 걸프 지역 무슬림과 공유하는 부분이 더 많다. 즉 예수님과 영미 문화권 사람들을 한편으로 여기고 무슬림과 비교하려는 것이 아니다. 예수님이 속해 있던 문화에 무슬림 문화와 영미 서구권 문화를 각각 비교하려는 것이다. 이 예수님을 회복하는 것이 이 책의 목적 중 하나이며 아라비아반도에 사는 사람들에게 아라비아의 그리스도를 소개하고 싶다.

기독교인과 무슬림은 공통점이 많고 본문 전반에 걸쳐서 이런 연관성이 두드러질 것이다. 무슬림과 기독교인을 구분 짓는 민감한 신학적 쟁점도 역시 잘 알려져 있기 때문에 이런 차이점을 어떻게 다루어야 할지도 반영했다. 이런 주제들에 대한 토론은 그냥 모르는 척 지나가고 싶은 유혹이 언제나 있다. 왜냐하면 우호적인 토론이 되기보다 좁혀지지 않는 끊임없는 교착 상태에 빠지곤 하기 때문이다.

그럼에도 불구하고 차이점을 인정하고 탐구하려고 시도하지 않는 것은 '방 안의 코끼리모두 알고 있지만 아무도 먼저 말을 꺼내지 못하는 크고 심각한 문제-편집자주'를 무시하는 것이고 그것은 언급하지 않은 분야에 대한 독자들의 불만을 야기할 뿐이다. 삼위일체론, 성경의 무오성, 예수님의 정체성, 예수님의 죽음 등이 이런 주제들이다. 이것들은 이 책 마지막 장에서 '방 안의 코끼리'라는 제목으로 따로 다루었다. 이들 중요한 분야들을 다룰 때는 공정한 동시에 논쟁의 언어를 피하고자 노력했다. 이슬람의 세계관에 대한 이러한 연구가 무슬림이 보기에도 자신들의 신앙 체계를 공정하게 대변하는 것이기를 바란다.

## 문화 분석의 모델

'복음Gospel'이라는 용어는 신약 성경에 보존된 예수 그리스도가 가르치신 내용을 가리킨다. 복음은 문자적으로는 '좋은 소식'을 의미하며 예수님의 가르침은 물론 그분의 죽음과 부활을 포함한 모든 행동과 삶을 아우른다.

학자이자 인도 선교사였던 레슬리 뉴비긴Leslie Newbiggin은 자신의 저서에서 '문화'에 대해 가장 포괄적인 정의를 내렸다. 그의 책 《헬라인에게는 미련한 것이요Foolishness to the Greeks, IVP 역간》에 실린 문화에 대한 정의다.

> 우리는 '문화'라는 단어를 이해할 때 한 인간 집단에 의해서
> 이루어진 삶의 총체적인 방식이 대대로 전해 내려온 것이라는
> 사실을 기억해야 한다. 언어는 문화의 중심이다. 언어가 있어
> 사람들은 사물을 인식하고 또한 이에 대처하는 자신들의 방식을

표현할 수 있다. 그 결과 시각 예술, 음악, 기술, 법률, 사회 정치적 조직 등이 해당 문화 안에서 꽃을 피운다. 또한 어느 문화에나 일련의 신념과 경험, 관행들이 있다. 이 세 가지는 문화에 반드시 포함되어야 하는 근본적인 요소로, 사물의 궁극적인 본질을 파악하고 표현하기 위해 추구되며 삶에 형태와 의미를 부여해서 결국 충성하게 만든다. 여기에는 종교도 포함된다.[11]

이런 문화의 정의를 성경 연구에 적용한다는 것은 현재 우리가 살아가는 삶의 의미와 표현들이 성경에 나오는 그것들과 어떻게 비교, 대조되는지 검토할 수 있다는 뜻이다. 이런 문화적 통찰력을 신약 성경에 적용하는 데 탁월한 학자가 케네스 베일리Kenneth Bailey 박사다.

나는 신약 성경의 문화적 배경을 풀어냄으로써 성경을 이해하는 새롭고 신선한 방식을 도입한 케네스 베일리 박사의 연구를 통해 많은 도움을 받았다. 케네스 베일리는 60년 동안 중동에서 살았다. 이집트에서 유년기를 보냈고 이후 40년 동안 키프로스, 레바논, 예루살렘, 이집트에서 신약 성경을 가르쳤다. 그는 중동이라는 문화적 틀을 통해 예수님의 가르침을 이해하는 데 자신의 학문적 업적을 쏟아부었다. 이를 위해 그는 두 가지 접근법을 사용했다.

하나는 고대와 중세와 근대 시대의 근동 자료들이다. 중동 학자들의 저술을 통해서 그들이 예수님의 가르침을 어떻게 해석했는지 신선한 통찰력을 얻었던 것이다. 특히 그는 '아랍어 성경이

어떤 언어 전통보다 가장 길고도 뛰어난 역사를 가지고 있다'고 확신했다.[12]

다른 하나는 레반트<sub></sub>시리아, 레바논, 이스라엘 등 동부 지중해 연안의 여러 나라들을 가리키는 역사적 지명-편집자주와 이집트의 마을 사람들, 특히 구전을 여전히 고수하는 나이 든 세대들과의 광범위한 인터뷰다. 그는 "당신의 할아버지는 이런 예수님의 가르침을 어떻게 이해했을까요?"와 같은 질문을 던졌다. 그렇게 질문함으로써 예수님 시대에 살았던 마을 주민들의 생활 방식과 해석에 대한 기억을 포착하려 했다.[13]

이 책의 결론이 제시하는 바는 다음 단계에 이어질 종교 간 대화에서 베일리 박사가 개발한 도구들을 사용해 독특한 아라비아 걸프의 현실에서 복음에 대한 문화적 연구를 탐구하자는 것이다. 또 하나의 도구는 다른 나라에서 온 이주자로서 이 지역에서 살아가는 기독교인들과 걸프 지역 아랍인들 사이의 경전 추론<sub></sub>Scripture reasoning; 경전을 통한 논증을 활용하는 것으로 이 책의 마지막 부분에 소개했다.

IRAQ

KUWAIT

BAHRAIN

QATAR

UNITED
ARAB
EMIRATE

SAUDI ARABIA

OMAN

YEMEN

*Jesus
of
Arabia*

# PART 1

# 아랍의 혈연 문화와
# 예수의 복음

/

# 가족과 부족의
# 중요성,
# 수치와 명예

나와 내 동생이 사촌들에 맞서고
나와 내 사촌들이 외부인에 맞선다[1]

'부족과 가족'의 역할은 아라비아반도 사람들의 삶에서 핵심을 이루는 부분이다. 마크 앨런은 이를 아랍의 정신세계를 이루는 필수 구성 요소 중 하나로 정의했다. 혈연은 아랍인 개개인의 신분과 정체성을 규정한다. 개인주의를 핵심 가치로 여기는 서구 문화 출신들이 이것을 동양의 약점으로 여긴다는 걸 안다면 놀랄지도 모른다. 중요한 결정을 내리는 일은 가족과 부족에서 연장자나 지도자의 영역이다.

내가 이 점을 가장 적나라하게 목격한 것은 쿠웨이트의 국회의원 선거 때였다. 부족들은 가족 중 한 명을 후보자로 내세우고 다른 가족들에게 그를 뽑도록 지시했다. 쿠웨이트의 정치 체제는 자신들의 친족을 운명 공동체로 여기고 그에 투표하는 부족들 손에 좌우된다. 아이들을 '나'보다 '가족에 속한 우리'가 먼저라고 생각하도록 키운다. 이것이 걸프 지역 아랍인들의 결정적인 특징 중 하나다. 아랍 문화와 언어 전문가인 마가렛 나이들Margaret Nydell은 이 점을 강조한다.

> 가족에 대한 충성과 의무는 친구에 대한 충성이나 직장에서의
> 요구보다 우선한다. 친척들은 필요하다면 재정 지원을 포함해
> 서로 돕는 것을 기대한다. …… 성급하거나 무모한 사람만이
> 자신의 가족들에게 비난을 사거나 의절을 당할 위험을 무릅쓴다.
> 가족의 지원은 예측 불가한 이 세상에서 필수적이다. 가족은 한
> 개인에게 궁극적인 피난처다.[2]

## 예수님의 탄생

예수님이 가족에 속한다는 것은 그분 역시 가정의 의무 조항들에 따른 분명한 역할을 수행했음을 의미한다. 예수님이 속한 공동

체 입장에서 보자면 예수님도 사실상 가족에 의해 그 존재 의미가 정해졌다. 가족이 예수님의 사회적 지위, 교육, 종교, 그리고 직업을 규정했던 것이다. 중동의 행동 강령은 주로 가정생활을 중심으로 전개되기 때문에 이는 놀랄 일이 아니다. 예수님이 태어났을 당시 그 지역에서는 매우 일반적인 일이었다.

하지만 다른 차원에서 예수님의 출생 이야기는 희귀한 경우라 할 수 있다. 복음서는 예수님이 하나님의 천사 가브리엘을 통해 주신 약속의 결과로 어린 마리아에게서 태어났다는 기적적인 탄생을 기록한다. 누가복음은 이 이야기를 다음과 같이 묘사한다.

> 여섯째 달에 천사 가브리엘이 하나님의 보내심을 받아 갈릴리
> 나사렛이란 동네에 가서 다윗의 자손 요셉이라 하는 사람과
> 약혼한 처녀에게 이르니 그 처녀의 이름은 마리아라 그에게
> 들어가 이르되 은혜를 받은 자여 평안할지어다 주께서 너와
> 함께하시도다 하니 처녀가 그 말을 듣고 놀라 이런 인사가
> 어찌함인가 생각하매 천사가 이르되 마리아여 무서워하지 말라
> 네가 하나님께 은혜를 입었느니라 보라 네가 잉태하여 아들을
> 낳으리니 그 이름을 예수라 하라 그가 큰 자가 되고 지극히 높으신
> 이의 아들이라 일컬어질 것이요 주 하나님께서 그 조상 다윗의
> 왕위를 그에게 주시리니 영원히 야곱의 집을 왕으로 다스리실
> 것이며 그 나라가 무궁하리라 마리아가 천사에게 말하되 나는
> 남자를 알지 못하니 어찌 이 일이 있으리이까 천사가 대답하여

이르되 성령이 네게 임하시고 지극히 높으신 이의 능력이 너를
덮으시리니 이러므로 나실 바 거룩한 이는 하나님의 아들이라
일컬어지리라.

누가복음 1장 26-35절

누가복음이 마리아를 처녀로 기술하며 사용한 헬라어 단어를
두고 언어학자들 사이에 약간의 논쟁이 있다. '처녀 출산'이라는 개
념의 용어 선정에 곤란함을 느끼는 사람들 일부는 이 단어의 대안
적인 의미로 '젊은 여성'이라는 주장을 내놓는다. 즉 반드시 처녀성
을 함축할 필요는 없다는 주장이다. 하지만 마리아가 처녀성을 잃
지 않고 출산할 길이 있냐고 천사에게 물은 것으로 보아 마리아는
이 점을 염두에 두고 있었다. 예수님이 도대체 어떻게 잉태되었느
냐는 신비는 아이를 태어나게 만드는 일에서 하나님의 역할을 전
달하는 언어로 묘사된다. 복음서에서 가장 먼저 예수님을 '하나님
의 아들'로 묘사할 때 이 점을 강조한다.

무함마드Muhammad 선지자가 신들의 성적인 장난이 육체적 수단
을 통해 다른 신을 낳는 이교적 전설이 만연했던 '이슬람 이전 환경'
에서 자랐으니 예수의 출생 역시 실망스러운 이교적 신화로 해석
할 여지는 충분하다. 그에게 '하나님의 아들'이라는 호칭은 여신과
교접함으로써 자손을 낳은 남신을 연상시켰을 것이다. 이것은 알
라Allah; 유일신, 즉 하나님을 뜻하는 아랍어[3]를 궁극의 경외심으로 대하는 선
지자가 이해할 수 있는 수준을 넘어서는 것이다. 그렇게 된다면 알

라는 육욕을 지닌 이교도 신들의 수준으로 떨어질 수밖에 없다. 이는 알라와 동등한 다른 존재가 있었음을 암시하는 것이며 곧 신이 한 분이라는 이슬람의 핵심 교리를 침해하는 것이다.

알라와 같은 이는 아무도 없으며 다른 어떤 존재나 사물을 알라와 동일한 지위나 정체성으로 결합시키는 것은 쉬르크<sup>하나님 이외의 것</sup>을 하나님과 관련짓는 것, 즉 우상 숭배라는 중대한 죄를 저지르는 것이다. 예수님이 하나님의 성령에 의해 신성한 창조 능력의 결과로 태어났다고 믿는 기독교인들도 무함마드 선지자의 이 같은 거부감을 납득할 수 있을 것이다.

그런데 '하나님의 아들'로서 예수님을 묘사하는 것을 불편해하는 무슬림 역시 예수님이 처녀의 몸에서 태어났다는 사실을 믿는다는 것은 꽤나 놀라운 일이다. 무슬림들은 처녀 출산은 믿지만 예수님을 어떤 모양이나 형태로든 '하나님의 아들'로는 절대 믿지 않는다.

꾸란에 기록된 처녀 출산에 관한 진술은 상당히 흥미롭다.

> 그리고 당신은 마리아 이야기를 책에 기록할 것이다. 마리아가 어떻게 자기 백성을 떠나 동쪽의 외딴 곳에 머물렀는지에 대해서 말이다. 우리는 우리의 영혼을 완전한 성인 남자와 비슷한 모습으로 마리아에게 보냈다. 그리고 마리아는 그를 보고 말했다. "자비로운 분이 당신으로부터 나를 지켜 주시길 빕니다! 주님을 경외한다면 나를 떠나가십시오."
>
> 그가 대답했다. "나는 당신의 주님이 보내신 사자로 당신에게

거룩한 아들을 주려고 왔습니다."

마리아가 대답했다. "어떤 남자도 내게 손대지 않았고 결코 나쁜 행실을 한 적이 없는데 어떻게 아이를 낳습니까?"

그가 답했다. "당신의 주님이 그렇게 말씀하셨기 때문입니다. 그건 내게 쉬운 일입니다. 그는 인류의 표징이 되고 우리에게서 나온 복이 될 것입니다. 우리의 약속이 실현될 것입니다."

이렇게 해서 마리아는 아들을 잉태하고 멀리 떨어진 곳으로 물러났다. 그리고 출산의 고통이 찾아오자 종려나무 몸통에 기대 울었다. "오, 내가 이보다 먼저 죽어 세상에서 잊혔다면 좋았을 텐데!"

…… 마리아가 아기를 데리고 자기 백성에게 돌아오자, 그들은 이렇게 말했다. "마리아, 이상한 일이구나. 아론의 자매여, 네 아버지는 포주가 아니고 네 어머니도 창녀가 아니었다." 마리아는 그들에게 아기를 가리켜 보였다. 그러자 사람들은 "요람에 있는 아기와 어떻게 말을 할 수 있겠는가?"라고 대답했다.

이때 그 아기가 이렇게 말했다. "나는 하나님의 종입니다. 그분이 내게 책을 주시고 나를 선지자로 정하셨습니다. 내가 가는 곳마다 그분의 복이 내게 임하리니 내게 기도로 견디며 살아가는 동안 자선을 베풀라고 권고하셨습니다. 또 어머니를 존경하라고 훈계하시고 내게서 허영과 악함을 제하셨습니다. 내가 태어난 그날에 복을 받았으며 내가 죽을 날은 물론 내가 다시 살아나게 될 날도 복 있을 것입니다."

이와 같이 예수는 마리아의 아들이다. 이것이 진리의 전부지만 여전히 의심하는 사람들이 있다. 하나님이 아들을 낳는다는 것은 있을 수 없는 일이다. 그분이 필요한 일을 선포하시고 우리가 "될지어다" 하면 그대로 될 것이다.

꾸란 19장 16-23, 27-34절

이처럼 본질적으로 꾸란은 예수님의 탄생이 마리아에게서 아기를 낳도록 하나님이 직접 개입하신 독특한 사건이라는 복음서의 진술에 동의한다. 꾸란의 해석 일부를 보면 마을 사람들이 마리아에게 와서 따진다. 결혼하지도 않은 마리아가 아이를 낳음으로써 공동체에 불명예를 끼쳤기 때문이다. 오직 요람에 누운 아기 예수의 말이 마리아를 '명예 살인'에서 구해 낼 수 있었다.

꾸란이 예수를 '마리아의 아들'로 언급했다는 사실은 중요한 의미를 시사한다. 보통 아랍 전통에서는 남자아이를 아버지의 자손으로 인지하기 때문이다. 일반적이라면 예수를 요셉의 아들Ibn Yusuf (이븐 유수프); 이븐은 '~의 아들'을 뜻하는 아랍식 표현로 묘사했어야 한다. 그런데 꾸란은 예수가 처녀의 몸에서 태어났으며 하나님이 그 일을 행하신 분으로 인정한 것이다.

그러나 꾸란은 예수의 탄생이 성적 결합의 결과일 수 있다는 사실을 서둘러 부인한다. 하나님은 창조주로서 역할을 하시며 그저 생명에게 존재하라고 말씀하신다. 말씀을 던지자 그분의 뜻이 이 세상에 육체적으로 계시됐다. 이 개념은 이슬람에만 유일한 것은 아니다. 창조 사역에 관한 창세기의 기록도 하나님이 세상을 향해 존재하라고 말씀하신 데서 시작된다.

> 하나님이 이르시되 빛이 있으라 하시니 빛이 있었고.
> 창세기 1장 3절

따라서 무슬림과 기독교인 모두 예수님의 탄생이 하나님의 역사라고 믿는다. 이 구절과 관련해 다른 언급들도 발견된다. 아기 예수를 위해 그의 탄생과 죽음, 그리고 부활을 축복하는 짧은 진술이 있는데 이를 예수가 십자가에서 죽고 이어 부활하리라는 이슬람 예언으로 해석하는 이들도 있다. 학자들은 세례 요한이 한 말과 비슷한 내용이 꾸란에 들어 있다고도 지적한다. 그가 자신에게 동일한 축복을 사용했다는 것이다.

### 예수님이 태어난 가문

마태복음과 누가복음에는 예수님의 족보가 나온다. 두 족보에는 많은 차이점이 있지만 다음과 같은 방법으로 이 차이점을 설명할 수 있다. 마태복음이 유대인과 가부장적 독자층을 위해 예수님의 가족 자격으로 요셉의 혈통을 따라 지정한 반면 누가복음은 마리아의 혈통을 따라 족보를 이어 가고 그렇게 함으로써 이방 독자들에게서 그리스도에 대한 경외심을 확보했다.

두 족보는 모두 시대와 지역에 근거한 예수님의 뿌리를 밝히고 특정 지파와 가문다윗의 집에 속해 있음을 분명히 한다. 다윗의 집이 의미심장한 까닭은 그것이 왕의 계보이며 구약 성경의 많은 예언 내용도 다윗의 후손이 새로운 시대를 열어 가는 것과 관련이 있기 때문이다.

예수 탄생에서 무엇보다 독특한 점은 약혼자 요셉 때문에 마리아의 출산이 저지되는 상황을 연출하지 않았다는 사실이다. 중동 사람에게 이런 상황은 특히 요셉의 가족과 마리아에게 엄청나게 수치스러운 일이었다. 요셉은 점잖은 사람이었고 가족의 명예를 지키기로 결정했다.

> 그의 남편 요셉은 의로운 사람이라 그를 드러내지 아니하고
> 가만히 끊고자 하여.
> 마태복음 1장 19절

성경에 따르면 요셉이 마리아를 끊어 내지 않은 것은 천사가 마리아와 아이를 돌보라고 요셉을 설득했기 때문이다. 마 1:20-25 예수님이 태어나고 나서 마리아와 요셉은 다른 자녀들을 낳았다. 복음서는 예수님의 형제와 자매를 기록하고 있고눅 2:7 동네 사람들은 예수님을 목수 요셉의 아들이라고 불렀다. 눅 4:22; 막 6:3

예수님은 어렸을 때도 자신이 다른 가족들과 다르다는 것을 알

았던 것 같다. 복음서에 기록된 유일한 어린 시절 이야기는 예수님이 가족과 함께 예루살렘 순례에 나섰다는 내용이다. 그때 예수님은 열두 살이었고 무리 가운데서 가족들과 헤어지는 일이 발생한다. 마리아와 요셉은 사흘 동안 정신없이 아들을 찾아다녔고 마침내 성전에서 유대 선생들과 대화하는 아들을 발견했다. 부모에게 꾸중을 들은 후에 예수님은 말씀하셨다. "어찌하여 나를 찾으셨나이까 내가 내 아버지 집에 있어야 될 줄을 알지 못하셨나이까."<sup>눅</sup>

2:49

예수님과 예수님의 가족에 대한 이야기들 중에서 가장 논란이 많은 부분 중 하나이기도 한데 이는 예수님이 가족보다 하나님이 주신 사명을 우위에 둔다고 여겨지기 때문이다.

> 예수께서 무리에게 말씀하실 때에 그의 어머니와 동생들이
> 예수께 말하려고 밖에 섰더니 한 사람이 예수께 여짜오되 보소서
> 당신의 어머니와 동생들이 당신께 말하려고 밖에 서 있나이다
> 하니 말하던 사람에게 대답하여 이르시되 누가 내 어머니이며 내
> 동생들이냐 하시고 손을 내밀어 제자들을 가리켜 이르시되 나의
> 어머니와 나의 동생들을 보라 누구든지 하늘에 계신 내 아버지의
> 뜻대로 하는 자가 내 형제요 자매요 어머니이니라 하시더라.
> 마태복음 12장 46-50절

중동 사람이라면 누구나 자신이 속한 사회에서 모두가 공유하는

최우선적인 충성도, 즉 가족을 우선순위에 두지 않는다는 것은 말도 안 되는 일이라 할 것이다. 예수님의 말씀은 직계 가족에게 심한 상처가 되었을 테고 다른 사람들에게도 배신으로 보였을 것이다. 그러나 예수님은 이 가르침에서 자신과 제자들에게 하나님 나라가 우선해야 함을 분명히 하셨다. 하나님과 하나님 나라를 섬기지 않기 위한 변명으로 가족의 의무를 사용해서는 안 된다는 것이다.

그런데 이때 요셉이 이 사건에서 빠져 있다. 그를 아버지로 언급하지도 않는다. 이를 근거로 학자들은 당시 마리아가 이미 과부가 됐다고 추측한다. 이때부터 복음서에서는 예수님의 아버지를 더 이상 언급하지 않기 때문에 요셉이 일찍 사망해서 장자인 예수님이 가족을 부양할 책임을 떠안았을 가능성도 크다. 맏아들로서 가족을 부양하고 자매들의 결혼을 보장하고 형제들이 집안 사업에서 제 역할을 하도록 만드는 것이 그의 신성한 의무였다. 그런 다음 마지막으로 자기 부모의 장례를 품위와 존경을 담아 치러야 했다. 그제야 장자는 자기 의무를 완수하게 된다.

예수님이 서른 살에 설교를 하기 시작했다고 보았을 때 다소 늦은 시기에 공생애를 시작하셨다는 것은 가족들을 위한 장자의 의무를 모두 끝낼 때까지 기다리셨다는 사실을 나타낸다. 그리고 가족을 위한 마지막 의무로 자신이 십자가에 달려 죽어 가는 순간 마리아의 노후를 그의 가까운 한 제자에게 부탁하시는 장면이 성경에 감동적으로 기록되어 있다.

예수께서 자기의 어머니와 사랑하시는 제자가 곁에 서 있는 것을

보시고 자기 어머니께 말씀하시되 여자여 보소서 아들이니이다

하시고 또 그 제자에게 이르시되 보라 네 어머니라 하신대

그때부터 그 제자가 자기 집에 모시니라.

요한복음 19장 26-27절


예수님은 그렇게 가족의 일원으로서 모든 의무를 이행하신 후
돌아가셨다.

# 낙타

## 땅의 기준, 하늘의 기준

camel

낙타가 바늘귀로 나가는 것이
부자가 하나님의 나라에 들어가는 것보다 쉬우니라 하시니.
마가복음 10장 25절

우리의 계시를 부인하고 경멸하는 자들에게는
하늘의 문이 열리지 않을 것이다. 그들이 낙원에 들어가는 것은
낙타가 바늘귀를 통과하는 것만큼이나 불가능할 것이다.
꾸란 7장 40절

그들은 낙타에 대해서, 낙타가 어떻게 창조됐는지
생각해 본 적이 없는가?
꾸란 88장 167절

예쁜 낙타 선발 대회를 상상하는 것은 꽤 난감한 일이다. 아라비아 걸프에 오기 전에는 이런 이야기를 들어 본 적이 없었지만, 실제로 이런 대회가 열린다. 아랍인들이 '사막의 배ship'에 얼마나 깊은 애정을 갖고 있는지 보여 주는 척도다. 그들에게는 낙타가 가혹한 사막 환경에서 살아남는 데 꼭 필요한 존재이며 예술적으로도 가

치가 있다고 여긴다.

낙타는 매력적인 피조물이다. 그들은 사막에 최적화되어 있다. 헐떡이거나 땀을 흘리는 대신 내부 온도 조절기를 통해 외부 온도에 따라 정상 체온을 올리고 같은 방식으로 체액을 보존한다. 그 어떤 동물도 이렇게 할 수 없다. 낙타 털은 열을 막는 절연체로 매우 효과적이다. 표면 온도가 섭씨 70도에 이를 때도 낙타의 실제 피부 온도는 섭씨 30도 정도로 낮다. 낙타 털을 깎으면 수분 손실이 50퍼센트나 증가할 수 있다.

섭식에 관해 말하자면 낙타의 소화기관은 사막 환경에서 드문드문 찾을 수 있는 식물들에 더할 나위 없이 알맞다. 아랍에미리트연합의 저명한 학자 아흐메드 알 만수리Ahmed Al Mansoori는 낙타의 사막 적응력에 놀라움을 금치 못한다.

낙타의 고도로 활동적인 윗입술은 쪼개져 있는데 덕분에 이 동물이 거칠고 뾰족한 덤불을 먹어도 입 안쪽에 상처가 나지 않는다. 낙타의 아랫입술은 그저 매달려 있을 뿐이다. 혀의 도움 없이도 음식을 모을 수 있기 때문에 수분을 빼앗기지 않는다. 낙타는 음식을 씹지 않고 먼저 꿀꺽 삼켰다가 나중에 소화되지 않은 음식을 되돌려서 되새김질로 다시 씹는다. 낙타가 먹은 음식은 네 개의 위장을 거치며 앞뒤로 통과하는데 덕분에 희소한 자원으로도 거의 낭비 없이 영양분을 공급받는다. 이 동물의 배설물은 대단히 건조해서 요리할 때 연료로 쓰기에 좋다.[1]

낙타가 문학에 최초로 등장하는 예는 성경에서 찾아볼 수 있다. 창세기의 아브라함 이야기를 보면 아브라함이 애굽(이집트)에 머무르던 시절 바로는 다른 가축들과 함께 낙타도 소유하고 있었다.창 12:16 아브라함이 며느리를 찾으러 종을 보낼 때 낙타에 태워 보냈고24:10-17 낙타는 야곱과30:43 요셉37:25 이야기에도 등장한다. 또한 전쟁에서도 낙타를 사용했다.삿 7:12; 8:21 레위기에 드러난 제사장 문서의 입장은 "낙타는 …… 굽이 갈라지지 아니하였으므로"레 11:4 믿는 자들이 먹어서는 안 된다는 것이다. 아흐메드 알 만수리는 낙타가 성경에 어떻게 등장하는지 다음과 같이 요약한다.

> 구약 성경에서 낙타는 '동방 사람들'이나 아랍인들이 등장하는
> 대부분의 경우에 언급되고 있다. 시바여왕의 이야기에서도
> 나오고 욥기에서는 욥이 죽을 때 낙타를 3천 마리나 갖고
> 있었다고 나온다. 역대상에는 단 한 번의 습격으로 낙타 5만
> 마리를 약탈했다는 이야기도 있다.[2]

낙타를 처음 본 사람이 가장 놀라는 건 낙타의 크기다. 다 자란 낙타 등에 앉으면 땅이 까마득하게 멀어 보일 수 있다. 낙타는 사람뿐만 아니라 물부터 시장에서 파는 각종 물건에 이르기까지 모든 것을 실어 나르는 운송 수단이었다. 짐을 최대한 실을 경우 상당한 양을 채울 수 있다. 그러니 낙타가 바늘귀를 통과해 간다는 개념은 이 동물이 얼마나 거대한지를 아는 청중들의 마음에는 터무니없는

코미디처럼 다가왔을 것이다.

마가복음에 부유하면서 종교적인 젊은 관원이 다가와 예수님에게 '선한 선생'이라고 하며 예수님을 격찬하는 이야기가 나온다.<sup>막 10:17-27</sup> 일반적으로 중동 문화에서 미사여구로 가득한 수사학은 좋은 교육과 예절을 가리키며 아첨하는 말에 대한 적절한 대응은 받은 대로 돌려주는 것이다. 자신에게도 '고귀한 지도자'라거나 '사람들에게 존경받는 지도자' 같은 칭찬을 해 주며 피차 듣기 좋은 말을 주고받으리라 기대했을 것이다.

그러나 예수님은 그렇게 하지 않으셨다. 그런 예수님의 모습은 어쩌면 무례하고 퉁명스럽게 보였을 것이다. 말장난을 하면서 부자 청년의 자존심을 떠받들어 주는 대신 예수님은 그에게 도전적인 질문을 던지셨다. "왜 나를 선하다 하는가? 하나님 한 분만 선하시다."

그가 돌아간 뒤 예수님은 제자들에게 바늘귀를 통과하는 낙타 비유를 꺼내셨다. 문자적으로 해석하자면, 예수님은 이 부유한 청년이 하나님 나라에 들어갈 수 없다고 말씀하시는 듯하다. 예수님의 추종자들이 자신들의 명분에 들어맞는 매우 전도유망한 사람을 예수님이 놓쳤다는 듯 머리를 쥐어뜯는 장면을 상상해 볼 수 있다. 부자 청년은 재력도 갖추었고 영향력도 컸다. 모든 조직에서 기꺼이 받아들이고 싶어 하는 인재였다. 예수님은 직접적으로 그를 욕보이는 대신 우회적으로 그가 가망이 없다는 사실을 선언하고 있는 것이다.

주석가들은 수년에 걸쳐 예수님의 가혹한 반응을 희석시켜 보려는 의도로 그 안에 담긴 대안적 의미나 비유를 찾아내고자 애썼다. 교회 지도자들은 예수님이 부유하고 힘 있는 사람들에게 편견을 갖고 있다는 인상을 주고 싶지 않았던 것이다. 그래서 다음에 이어지는 설명들을 제안했는데 물질만능적인 부와 영향력에서 안락함을 찾는 사람들에게 다시 희망을 안겨 줄 만한 해석의 여지가 있는 것들이다.

### 그 낙타는 그냥 낙타가 아니다?

먼저 예수님의 비유에서 낙타라는 단어는 짐을 짊어지는 짐승이 아니라 가느다란 동아줄을 가리킨다는 견해다. 이는 아주 오래된 해석으로 이를 위해서는 신약 성경의 본문 안에서 헬라어 모음을 바꾸어야 한다. 케네스 베일리는 이렇게 설명한다.

> "카멜론"으로 읽지 않고 일부 고대 사본이 제시하는 것처럼 "카밀론"으로
> 읽으면 다리가 넷 달린 커다란 동물 대신 동아줄을 가리키게
> 된다. 가느다란 동아줄과 상당히 큰 바늘을 상상해 보면 동아줄을
> 바늘 속으로 당기는 것은 어렵긴 하지만 불가능하진 않다. 그렇게
> 되면 여기 담긴 뜻은 부자가 하나님 나라에 들어갈 수 있는
> 가능성이 아주 없지는 않다.[3]

하지만 이 해석은 설득력이 없고 빈약하다는 평이다. 11세기로 거슬러 올라가면 아랍인 성경 주석가 이븐 알 타입<sup>Ibn Al Tayyib</sup>이 다음과 같이 이 해석을 거부했다.

> 본문에 있는 낙타라는 단어가 두꺼운 동아줄을 의미한다고 말하는 사람들이 있다. 지붕의 기초를 받치기 위한 큰 대들보라고 생각하는 사람들도 있다. 그런가 하면 단순히 널리 알려진 그 동물을 의미한다고 말하는 사람들도 있는데, 나는 이것이 올바른 의견이라고 본다. [4]

## 바늘귀는 문이다?

또 다른 제안이 있는데 바늘귀가 도시나 지역의 입구 역할을 하는 크고 무거운 성문에 딸린 작은 문을 가리킨다는 것이다. 보통 양개식 문들은 두꺼운 대들보로 만들어지기 때문에 열려면 꽤 힘이 든다. 그래서 평상시 사용하도록 작은 문을 두고 보행자들을 드나들게 한다. 최대한 짐을 실은 낙타라면 보통 넓게 열리는 성문을 통과해야겠지만 간혹 짐을 싣지 않은 낙타라면 문을 양쪽으로 활짝 열지 않고도 작은 문으로 충분히 빠져나간다는 뜻이 된다.

파라<sup>F. W. Farrar</sup>는 어느 개인이 1835년에 중동 여행을 돌아보며 적은 서신을 인용하면서 이 여행자가 '바늘귀'라고 불리는 문을 발견했다고 적고 있다.[5] 그런데 중동에서 오래도록 거주한 베일리와 슈어러 모두 이 의견을 일축했다. 큰 성문에 딸린 더 작은 문을 '바늘귀'로 묘사하는 것을 들어 본 적이 없다는 것이다.[6]

또 다른 쪽에서는 바늘귀가 예루살렘 성벽의 작은 틈새를 묘사한다는 주장을 내놓았다. 성벽을 두른 성에서 정문이 닫히면 늦게 귀가하는 사람들은 이 작은 입구로 성에 들어올 수 있었다. 그들이 동물에 짐을 싣고 왔다면 동물들이 차례대로 바늘귀를 통과해 들어가도록 힘들게 그 짐을 일일이 다 내려야 했을 것이다. 두말할 나위 없이 예루살렘 성벽에 그런 입구가 존재했다는 어떤 고고학적 증거도 없다.

결국 예수님이 정말 낙타를 의미하셨다는 결론에 이를 수밖에 없다. 그러니 이 이야기는 문자 그대로 상당히 불가능한 뭔가를 예로 든 것이다. 거대한 짐승은 바늘귀를 통과할 수 없고 이와 마찬가지로 부자들은 부유하기 때문에 천국에 들어갈 수 없다는 의미로 보는 것이다.

중동 사회에서 이렇게 말하는 것은 충격적이다. 어떤 사람이 하나님 보시기에 합당한지 아닌지 알아볼 수 있는 간단한 기준이 있다면 바로 건강과 부유함, 그리고 번창한 정도다. 케네스 베일리에 따르면 이 사고방식은 다음과 같다.

부유한 사람들은 예배 장소를 짓고 고아를 거두고 가난한
사람들에게 구호품을 주고 성전을 새로 단장하고 여러 가지 가치

있는 노력에 자금을 댈 수 있다. 누가 구원을 받는다면 단언컨대 이런 사람들이어야 한다. 그런데 예수님은 이들이 이렇게 고귀한 노력을 하고도 하나님 나라에 들어갈 수 없다고 하신 것이다.

우리 같은 평범한 사람들은 그렇게 고귀한 선행을 할 수 있는 부를 가지지도 못했다. 그럼 누가 구원받을 수 있는가?[7]

예수님 당시의 청중들은 부유할수록 더 의롭다는 생각에 익숙했다. 하나님이 선한 사람의 행위에 보상하시기 때문이다. 그런데 예수님은 사실상 청년에게 '네 부를 신뢰하지 말라'고 말씀하셨다. 우리가 소유한 물질은 하나님이 보시기에 아무 의미가 없다. 대신 그분은 "상하고 통회하는" 심령을 찾으신다. 시 51:17

가장 충격을 받은 사람들은 제자들이었다. 베드로가 마침내 "보소서 우리가 모든 것을 버리고 주를 따랐나이다" 막 10:28라고 말하자 예수님은 이렇게 답하셨다.

나와 복음을 위하여 집이나 형제나 자매나 어머니나 아버지나
자식이나 전토를 버린 자는 현세에 있어 집과 형제와 자매와
어머니와 자식과 전토를 백 배나 받되 박해를 겸하여 받고 내세에
영생을 받지 못할 자가 없느니라.
마가복음 10장 29-30절

베드로가 예수님 말씀에 큰 충격을 받은 건 그가 가족과 소유에

헌신하는 것을 기본 의무로 삼는 중동 사람이었기 때문이다. 제자들은 이것이 큰 부담이었을 것이다. 예수님의 가르침은 이들의 헌신에 직접적으로 도전한다. 베일리는 이렇게 설명한다.

'집'이 상세 목록에서 첫 번째로 나오는 것은 실수가 아니다. 이어지는 가족 구성원들이 다섯 항목 가운데 나머지 네 가지를 구성한다. 그런 다음 종교적 순종에서 먼저 된 사람과 나중 된 사람의 비교가 나온다.

먼저 순종한 신실한 사람은 다른 이의 소유를 훔쳐서는 안 된다는 말을 들었다. 그러나 나중에 순종한 사람은 자신의 재산을 뒤에 남겨야 할지도 모른다. 먼저 순종한 사람은 이웃의 아내를 내버려 두라는 말을 들었다. 그러나 나중에 순종한 제자는 자신의 아내를 버리라는 요청을 받을 수도 있다. 먼저 순종한 신실한 사람은 아버지와 어머니를 공경해야 했다. 물론 이를 제대로 이행하려면 집에 머물면서 그분들이 돌아가실 때까지 돌보고 장례까지 치러야 한다는 뜻이며 지금도 여전히 그러하다. 그러나 나중에 순종한 제자는 더 높은 충성을 위해 부모님을 떠나야 할 수도 있다. 중동의 정황에서 이것들이 모두 무엇을 의미하는지 설명하기는 거의 불가능하다. 중동 사람들이 논쟁의 여지없이 목숨보다 중요하게 생각하도록 요구받는 두 가지 충성 대상이 있는데 하나는 가족이고 다른 하나는 부족 마을의 집이다. 예수님이 이 두 가지를 같은 목록에 넣고 이것들을 넘어선 충성을 요구하신다면 그것은 중동 사람에게 절대로 불가능한 것, 즉 문화로부터 압박을 받을 일을 요구하신 것이다.[8]

보수적인 걸프 아랍인들은 이 가르침을 들으면 똑같이 분개할 것이다. 가족과 부족에 대한 헌신은 이들의 행동을 통제하는 중요한 가치이기 때문이다. 예수님 당시의 중동 청중들 역시 너무 놀란 나머지 "그럴 수 없습니다!"라고 똑같이 반응했을 것이다.

# 마즐리스

majelis

내 자리는 어디일까

청함을 받은 사람들이 높은 자리 택함을 보시고

그들에게 비유로 말씀하여 이르시되

네가 누구에게나 혼인 잔치에 청함을 받았을 때에 높은 자리에 앉지 말라

그렇지 않으면 너보다 더 높은 사람이 청함을 받은 경우에

너와 그를 청한 자가 와서 너더러 이 사람에게 자리를 내주라 하리니

그때에 네가 부끄러워 끝자리로 가게 되리라

청함을 받았을 때에 차라리 가서 끝자리에 앉으라

그러면 너를 청한 자가 와서 너더러 벗이여 올라앉으라 하리니

그때에야 함께 앉은 모든 사람 앞에서 영광이 있으리라

무릇 자기를 높이는 자는 낮아지고 자기를 낮추는 자는 높아지리라.

누가복음 14장 7-11절


전통적인 아랍인 가정에는 마즐리스가 있다. 대개 별도의 입구를 두고 집 앞쪽에 위치해 있어 방문자들이 집 안 여성들을 방해하지 않는다. 마즐리스는 그저 남자들이 모여서 그날그날의 뉴스를 이야기하면서 함께 시간을 보내는 응접실이다.

일단 마즐리스 안에 들어가면 보통 문에서 가장 멀리 떨어진 방

중앙에 앉아 있는 집주인에게 인사부터 하는 게 관습이다. 주인에게 다가갈 때 그가 일어서면 모든 손님이 다 같이 일어선다. 주인에게 인사를 하고 나면 방을 원 모양으로 돌면서 모든 손님과 악수를 한다. 마즐리스가 좀 큰 규모인 경우 백 명까지도 모이고 전부 인사를 하자면 꽤 시간이 걸린다. 방문자들의 흐름이 꾸준히 지속되기 때문에 방을 돌아다니는 다른 손님들과 악수하려고 기다리느라 대부분의 시간을 서서 보낸다고 느낄 것이다.


## 자리 찾기의 딜레마

이 의식에서 가장 어색한 건 모두에게 인사하고 나서 어디 앉아야 할지 파악하는 순간이다. 대개는 좌석 배치를 결정짓는 무언의 계층 구조가 있다. 규칙은 간단하다. 손님을 초대한 주인에게 중요한 사람일수록 주인 곁에 가까이 앉을 수 있다. 관찰한 바에 의하면, 형식적으로 사회적 지위에 따라 재빨리 좌석 배치를 끝내 버리는 경우가 더 자주 있기도 하지만 그 기준은 단지 사회적 지위와 관련된 것만은 아니다.

가족 구성원은 자기 손님을 존중하기 위해 주인에게 더 가까운 자리로 밀어 앉힌다. 점잖은 아랍인들은 셰이크<sup>아랍의 가장, 족장, 지도자</sup>에게 더 가까이 앉을 수 있는 손님은 없는지 확인하느라 절대 스스로 나서지 않는다. 그렇다 보니 새로 손님이 등장할 때마다 사람들이 자리를 바꾸느라 엄청난 소동이 일어나기 마련이다.

때로는 분명할 때도 있다. 주인보다 높은 지위의 손님이 도착하면 주인은 이를 표시하기 위해 방 한가운데로 이동해 손님을 맞으며 인사한 뒤 그를 자리로 직접 안내하는데 자신의 왼쪽이나 오른쪽에 바로 자리를 잡는지 확인한다. 일반적으로 오른쪽은 손님의 높은 지위나 주인의 호의를 나타낸다. 나는 니케아 신조를 생각할 때면 언제나 예수님이 아버지의 오른편에 앉아 계신 광경이 떠오른다

당신이 어디에 앉아야 할지 주인에게서 아무런 안내도 받지 못한다면 어떻게 해야 할까? 방문자는 주인과 대화 나누기를 원하기 마련이며 주인과 대화할 수 있는 가장 손쉬운 방법은 주인 가까이 앉는 것이다. 그런데 그러다가 주인이 대화하고 싶어 하는 누군가가 생긴다면 그와 자리를 옮겨야 할 수도 있다. 여기에 딜레마가 있다. 누가복음에서 예수님이 이와 같은 딜레마를 언급하신 적이 있는데 여전히 유효한 내용이다.

예수님 시대에 팔레스타인의 마을 공동체에는 비슷한 관습이 있었으며 여전히 존재한다. 가장 낮은 계급의 사람은 문 옆에 앉고 집단에서 연장자로 인정되는 사람들은 가운데 자리를 잡는다. 방문자가 문 쪽으로 가까이 앉으라는 요청을 받았다면 큰 폭의 지위 강등이 일어난 것이다. 물론 대부분의 사람들에게 이것은 단순히 마즐리스의 치고 빠지는 흐름일 뿐이다. 주인과 대화를 나누고 나서 주인이 새로 온 사람과 얘기하고 싶어 한다면 그 정도의 만남에 만족하고 방해가 되지 않도록 뒤로 물러서는 것이 예의다.

그러나 누군가가 자신이 냉대를 받았다거나 안내받지 않았는데도 상석에 자리한 이들이 있다고 여길 때 문제가 발생한다. 실제로 이런 일이 일어나는 것을 본 적이 있는데 젠체하거나 허세를 부리던 손님이 자랑스러워하던 자기 자리를 바꾸도록 요청받는 걸 볼 때 솔직히 고소하다는 생각이 들었다.

### 항상 문 옆에 앉으라

사회적 지위의 지표 중 하나가 문자 그대로 '어디 앉느냐'로 좌우될 수 있는 문화에서는, 의도한 건 아니더라도 굴욕을 당할 가능성이 언제나 도사린다. 예수님이 당시 중동의 청중에게 주신 조언은 간단하고 효과적이다. "자존심을 버리고 겸손을 추구하며 항상 문 옆에 앉으라!"

예수님의 논리는 나무랄 데가 없다. 모인 사람들 가운데 당신의 지위가 정말 대단하다면 즉시 주인은 당신에게 더 높은 자리로 옮기라고 말할 것이다. 그러면 당신은 다른 모든 손님 앞에서 존경을 받고 더 좋은 자리로 이동하는 것이다.

자, 예수님의 충고대로 나는 문 쪽으로 향한다. 그러면 주인이 내 이름을 부르며 가까운 다른 곳에 앉도록 청하는 것을 들을 수 있다. 내 이름을 못 들었다면 그냥 문 옆에 앉아 그곳이 내 자리라는 걸 알면 된다.

마즐리스 방문은 이방인으로서 참여할 수 있는 가장 흥미로운 활동 중 하나였다. 누군가를 만나 문화와 역사를 배울 수 있는 매력적인 장소다. 여러 해 동안 나는 예술가, 시인, 팝 스타, 정치가, 기업인, 운동선수, 국가 원수와 왕족을 만났다. 그러나 마즐리스를 처음 접하는 사람들에게 언제나 딜레마는 남아 있다. '나는 어디에 앉아야 하지?'

언제나 그렇듯이 예수님의 가르침에는 숨겨진 지혜가 있는데 분별력 있는 청중만이 그것을 알아챌 수 있다. 표면적으로 이 이야기는 당신이 어딘가를 방문했을 때 어디 앉아야 하는지의 딜레마를 해결하는 방법에 관한 훌륭한 조언으로 보일 것이다. 겸손한 자세를 가져야 하며 만약 주인이 가치 있게 여기는 존재라면 그만큼 존중받을 것이다. 그게 아니라면 다른 손님들 앞에서 볼썽사나워지는 위험을 감수해야 한다.

예수님의 교훈은 "누구든지 자기를 높이는 자는 낮아지고 누구든지 자신을 낮추는 자는 높아지리라"로 요약할 수 있다. 하지만 여기에는 또 다른 차원의 의미가 있고 이를 놓치기 쉽다.

연회에서 이런 모습을 쉽게 찾아볼 수 있으며 혼인 잔치 비유를 통해 다음 장에서 더 자세히 살펴보기로 하겠다.

# 결혼식

wedding

차별 없는 복음, 값없는 은혜

청함을 받은 사람들이 높은 자리 택함을 보시고

그들에게 비유로 말씀하여 이르시되

네가 누구에게나 혼인 잔치에 청함을 받았을 때에 높은 자리에 앉지 말라

그렇지 않으면 너보다 더 높은 사람이 청함을 받은 경우에

너와 그를 청한 자가 와서 너더러 이 사람에게 자리를 내주라 하리니

그때에 네가 부끄러워 끝자리로 가게 되리라

청함을 받았을 때에 차라리 가서 끝자리에 앉으라

그러면 너를 청한 자가 와서 너더러 벗이여 올라앉으라 하리니

그때에야 함께 앉은 모든 사람 앞에서 영광이 있으리라

무릇 자기를 높이는 자는 낮아지고 자기를 낮추는 자는 높아지리라.

누가복음 14장 7-11절

좌석 배치가 중요한 곳은 마즐리스만이 아니다. 이와 같은 의전 양식은 식사나 연회나 명절에도 해당한다. 이것은 서구인들도 마찬가지다. 영국에서도 결혼식 피로연에는 한가운데 상석을 두어 결혼식과 관련된 중요한 당사자들이 앉는다. 결혼식을 언급하는 까닭은 예수님이 좌석 배치와 관련된 이야기를 거론하신 곳이 혼

인 잔치였기 때문이다. 예수님은 가장 대접받는 자리에 거만한 사람들이 앉는 것을 보시고 이 문제를 지적하신다. 하지만 이것은 단순히 도덕이나 행동 양식에 관한 교훈은 아니다. 이 이야기에는 종교적인 차원의 내용이 담겨 있으며 혼인 잔치에서 실제적인 단서를 발견할 수 있다.

어떤 문화권에서나 결혼식은 대개 큰 사건이지만 중동 사람들은 이를 완전히 새로운 차원의 축제로 여긴다. 이 날만큼은 사치를 부리거나 모든 사람을 초대할 수 있는 훌륭한 구실로 삼는다. 전체 공동체 앞에서 자신의 사회적 지위를 과시하고 더욱 굳힐 수 있는 좋은 기회이기 때문이다. 예수님은 이 행위에 초점을 맞추면서 후에 나타날 영적 위험을 우리에게 강조하신다.

메리 박사는 석유 발견 이전 시대 아라비아에 살았던 의사인데 쿠웨이트에서 참석했던 한 결혼식을 다음과 같이 설명한다.

우리는 저녁에 도착했다. 집 앞 골목은 집으로 들어오려고 애쓰는 검은 천을 두른 여자들로 가득했다. 입구를 지키는 사람이 초청받은 사람인지 확인하고 들여보내거나 초청받지 못한 불청객을 막는 역할을 맡았다. 그러나 그 가엾은 문지기는 베일을 뒤집어쓴 여성들의 신원을 식별할 수 없었기 때문에 군중이 그를 제압해 버렸다. 우리는 백여 명의 여성들이 바닥에 놓인 매트에 앉아 음료수와 비스킷을 즐기는 열린 안뜰로 떼밀려 들어갔다. 움므 압둘라가 우리를 신부에게 데려다줘서 보니 신부는 작고

어두운 방바닥에 혼자 앉아 기도하고 있었다. 무거운 금장식을
걸치고 있었는데 1인치쯤 되는 금 사각형으로 블록을 이루는
머리 장식이 터키석과 홍옥과 함께 어우러져 목걸이, 반지, 팔찌,
코걸이, 그리고 길고 검은 머리 속 펜던트로 이어지고 있었다.
신부는 동방의 화려함 자체였다. 우리는 이어서 신방을 볼 수
있었는데 그 집에 있는 가장 좋은 방 중 하나였다.

부부는 결혼하고 처음 일주일 동안 이 방을 차지하면서
방문자들을 받을 수 있다. 그 후에는 신부를 시어머니의 집으로
데려가는데 그때부터 그곳이 신부의 집이 된다.

우리는 신랑을 기다리느라 안뜰에 앉아 있었다.

예수님의 열 처녀 이야기에서처럼 신랑은 오래 지체했다.
사실 두 시간이나 걸렸다. 마침내 "신랑이 왔다!"라는 외침이
들리고 신랑이 나타났다.

결혼식이 있는 날, 남자들은 모스크로 가서 저녁 기도에 참석한
다음 모두 모여 신부 집으로 간다. 거기서 신부 가족들이 그들을
축하하며 맞이한다. 향기로운 유향이 솔솔 풍기는 향 항아리가
사람들 사이로 전달된다. 장미수 항아리를 흔드는 사람들이
손님들의 옷에 향수를 뿌린다. 남자 하인들은 카다멈<sup>중동의 향료-</sup>
<sup>옮긴이주</sup> 맛이 가미된 쓰고 뜨거운 커피를 제공한다. 그 후 남자들이
모두 떠나고 신부의 아버지가 신랑을 신방으로 안내한다. 신랑은
그곳에서 신부를 기다리고 여자들이 베일을 쓴 신부를 데려와
신랑에게 선보인다. 다음 날 아침에는 신부의 처녀성을 보여 주는

증거를 가족에게 제시한다.[1]

*Mother Without a Mask*얼굴을 가리지 않는 어머니에서는 아랍에미리트 연합에서 행하는 오늘날의 결혼식 모습을 잘 보여 준다.[2] 저자 패트리샤 홀튼Patricia Holton은 이 책에서 한 부족이 여러 날에 걸쳐 결혼식을 준비하는 과정과 의식 등을 자세히 설명한다. 남성과 여성 사이의 상호 작용, 풍성한 음식 준비, 홍겨운 분위기를 세세히 묘사했다.

예수님 당시 결혼식도 마찬가지였다. 신부와 신랑의 가족은 전체 공동체와 함께 며칠 동안 축제와 의식을 통해 새 연합을 기념하곤 했다. 하지만 때때로 다소 불쾌한 안건 때문에 혼인 잔치가 중단될 때도 있었다. 초대된 사람들이 가족에 대한 존경을 표현하고 저명한 인사가 등장하면 가족은 명예를 얻는다. 중동에서는 2천 년 동안이나 변함없는 일들이다. 걸프 지역 신문에는 결혼식 보도와 사진이 자주 실리는데 대개 손님들에게 크게 중점을 둔다. 의도는 같다. 결혼식은 한 가족의 지위를 드러내는 전시장인 것이다.

예수님은 결혼식에 관해 많이 얘기하신다. 사실 그분이 처음 대중 앞에서 행하신 이적도 요한복음에 따르면 가나에서 있었던 동네 결혼식이 그 무대였다. 예수님이 이야기와 사건들에서 결혼식을 언급하시는 이유가 있다. 구약 성경이나 토라에서 결혼 축하연과 연회는 하나님 나라가 임하리라는 징표였고 여기 초대된 이들

은 하나님의 은총이 머무는 이들이기 때문이다. 사 61:10; 62:5

이처럼 혼인 잔치는 중동의 종교인들에게 익숙한 은유로서 하나님의 은총을 받은 이들이 그분의 임재 안에 영원한 손님으로 거함으로써 복을 받는다는 의미다. 예수님 당시에 흔히 사용하던 표현은 '하나님 나라의 잔치에서 음식을 먹는 자는 복이 있도다'였다. 눅 14:15 이는 '나는 경건한 사람이고 하나님께 가깝다!'라는 뜻이었다.

혼인 잔치 비유에서 예수님은 매우 종교적인 청중들에게 말씀하셨다. 이들은 문자 그대로 수년 동안 거룩한 성경을 공부해 온 학식 높은 학자들과 랍비들이다. 그들의 경건은 절대적이었고 하나님을 경외하는 이들의 경건한 삶은 엄격한 제의와 정기적 예배를 통해 표현되었다. 미국 작가이자 목사인 랍 벨Rob Bell은 예수님 당시에 종교 지도자들을 어떻게 양성하는지 설명한다.

> 여섯 살쯤부터 지방 회당에서 교육을 시작하는데
> 대개 그 지방 랍비가 선생이었다. 이 첫 번째 교육 단계는
> '벳 세페르Bet sefer; 책의 집'로 학생이 열 살 무렵까지 지속되었다.
> 열 살이 되면 재능 있는 학생일 경우 토라를 외울 것이라
> 예상한다. 성경을 가르치는 랍비들은 공동체에서 가장 존경받는
> 인물들이다. 그들은 최고 중 최고였다.
> 가장 똑똑한 학생들이었으며 모두 랍비가 될 수 있는 것은
> 아니었다. 열 살이 된 전도유망한 학생들은 '벳 탈무드Bet Talmud;

배움의 집'라고 부르는 배움의 다음 단계로 진출하는데
14세까지 이어진다. 이 시기에는 구약 성경의 나머지 책들을
외우게 된다. 끝으로 14세나 15세가 되면 탁월한 학생들은
랍비에게 나아가 자신을 제자로 삼아 달라고 청한다.
이 단계의 배움은 '벳 미드라쉬<sup>Bet Midrash; 연구의 집</sup>'라고 하는데
랍비의 지식을 습득하는 데 헌신할 뿐 아니라 랍비가 살아온
방식과 그의 종교적 훈련을 모방하게 된다. 배움의 총량이
얼마나 방대한지 놀라울 정도다. 결국 30세쯤 되면
스스로 가르치는 사역을 시작할 경지에 이른다.[3]

중동에서 종교 지도자 양성 과정은 예수님 시대 이후로 그다지
변하지 않았다. 무슬림 학생들은 어릴 때부터 꾸란 암기를 시작하
는데 내가 만난 몇몇 어린이들은 열 살 때 이미 '하피즈<sup>hafiz; 꾸란을 완
전히 암기하는 사람</sup>'가 되어 있었다. 그다음 이슬람 교육을 계속하는 학
생들은 '타프시르<sup>tafsir</sup>'로 알려진 주석의 세계로 들어서고 이슬람과
종교법<sup>Fiqh(피크)</sup> 학문 연구를 시작한다. 이때 훌륭한 학생이라면 고
전학자들의 작품을 암기하고 이 지식을 자신의 가르침과 신앙 이
해에 적용할 수 있어야 한다. 이렇듯 이슬람 학자들과 종교 지도자
들은 수년 동안 훈련을 통해 길러진 이들이다.
즉 예수님의 말씀을 듣고 있는 종교 지도자들은 자신들의 종교
에 정통한 이들이었다. 그들은 방대한 성경 내용을 암기할 뿐 아니
라 그 본문을 둘러싼 주석들과 연구 내용에 능통했다. 그러니 그들

은 '잔치'가 상징하는 바가 하나님이 그분의 백성에게 임재하시는 것임을 이미 알고 있었을 것이다. 그들은 예수님이 이 이야기를 통해 전달하려는 숨은 의미를 즉시 포착했으며 그것이 그들을 몹시 화나게 했다.

## 종교성의 한복판에서
## 겸손을 놓치는 사람들

예수님은 상석을 차지하려는 오만한 결혼식 손님을 풍자하면서 공동체 지도자들의 종교적 입장을 비판하셨다.<sup>눅 14:9-11</sup> 성경에 나오는 모든 결혼식 은유에서 실제로 결혼식 주인은 거의 대부분 하나님을 가리킨다. 잔치는 하나님이 자기 백성을 낙원으로 데려가셔서 하나님의 임재 아래 있도록 하실 때를 가리키는 데 사용하는 상징적인 장면이었다.

이 이야기에서 예수님의 요점은 하나님은 겸손을 중히 여기신다는 것이다. 흔히 종교 지도자들은 재빨리 가설을 세우고 우월감 내지는 자기 정당화로 이끄는 신학을 창안하는 데 급급하다. 예수님은 종교 지도자들을 혼인 잔치에서 상석을 차지하려다 주인에 의해 낮춰지는 오만한 손님들에 비유하셨다. 예수님은 이것을 통해 종교적 지식이나 실천보다 겸손한 마음이 하나님 보시기에 선하다고 알려 주신 것이다. 아무 지위가 없어 당연히 문 앞에 앉으려는 겸손한 마음을 가진 손님이야말로 하나님이 모든 사람 앞에서 높일 수 있는 존재라는 것이다.

예수님이 종교적 청중에게 전하신 메시지는 이것이다. 겸손한 태도가 없다면 결코 하나님을 알 수 없다. 예수님은 큰 잔치 비유를 들어 다음과 같이 이야기하신다.

> 함께 먹는 사람 중의 하나가 이 말을 듣고 이르되
> 무릇 하나님의 나라에서 떡을 먹는 자는 복되도다 하니
> 이르시되 어떤 사람이 큰 잔치를 베풀고 많은 사람을 청하였더니
> 잔치할 시각에 그 청하였던 자들에게 종을 보내어 이르되
> 오소서 모든 것이 준비되었나이다 하매 다 일치하게 사양하여
> 한 사람은 이르되 나는 밭을 샀으매 아무래도 나가 보아야
> 하겠으니 청컨대 나를 양해하도록 하라 하고
> 또 한 사람은 이르되 나는 소 다섯 겨리를 샀으매 시험하러 가니
> 청컨대 나를 양해하도록 하라 하고 또 한 사람은 이르되
> 나는 장가들었으니 그러므로 가지 못하겠노라 하는지라
> 종이 돌아와 주인에게 그대로 고하니 이에 집주인이 노하여
> 그 종에게 이르되 빨리 시내의 거리와 골목으로 나가서
> 가난한 자들과 몸 불편한 자들과 맹인들과 저는 자들을 데려오라
> 하니라 종이 이르되 주인이여 명하신 대로 하였으되
> 아직도 자리가 있나이다 주인이 종에게 이르되
> 길과 산울타리 가로 나가서 사람을 강권하여 데려다가

내 집을 채우라.

누가복음 14장 15-23절

이는 당시 관행이었던 것처럼 보이는데, 잔치 이틀이나 사흘 전에 하인들이 가서 손님들을 초대하고 그런 다음 잔치 당일에 하인들이 나가 잔치 준비가 다 되었음을 손님들에게 알리는 것이다.

만약 손님들이 나타나지 않을 경우 잔치를 연 주인의 위엄이 얼마나 훼손될지 상상이나 할 수 있겠는가? 그들이 하인들 편에 들려보낸 변명은 이런 내용이었다. "방금 밭을 사서 나가 살펴봐야 합니다." "방금 황소 몇 마리를 샀는데 나가서 시험해 봐야겠습니다." "막 결혼했습니다." 이 변명들은 사실 충격적일 만큼 모욕적이다. 서구인이 언뜻 보기에는 상당히 타당한 변명처럼 보이는 면도 있기 때문에 나도 처음에는 이런 답변이 뭐가 그렇게 문제인지 제대로 이해할 수가 없었다.

케네스 베일리는 이 변명들이 왜 나쁜 태도인지 설명한다. 먼저 '방금 밭을 사서 나가 살펴봐야 한다'는 변명을 살펴보겠다. 사막 기후에서 경작 가능한 토지는 비싼 가격에 거래되기 때문에 토지 상태를 살펴보고 수확량이 얼마나 될지 여러 달 동안 검토하지 않고는 어느 농부도 땅 한 뼘 사지 않는다. 어렵게 번 돈을 내주기 전에 그 땅을 충분히 알아야 한다.

베일리는 현대식으로 비슷한 사례를 들었다. '한 서구인이 부인에게 전화해 저녁에 늦을 거라고 말했다 치자. 그 이유가 새집

결혼식

을 사고 이미 수표에 서명해서 지금 그 집을 보러 가야 하기 때문이라면"[4] 이런 변명은 말이 안 된다. 첫째 손님이 둘러댄 변명은 잔치 주인을 상대하지 않고 싶어 하는 사실조차 감추지 않은 것이다.

둘째 변명 역시 자기 풍자다. 손님은 하인에게 자신이 소를 샀다면서 이제 그들을 시험해 봐야 한다고 말한다. 소 역시 비싸기 때문에 농부가 이를 사려면 철저히 조사를 마친 다음이어야 한다. 소들은 한 팀으로 함께 일하기 때문에 쟁기를 당기는 한 쌍의 멍에가 일정하지 않으면 처참한 결과를 낳을 수 있다. 그래서 사기 전에 미리 소들의 걸음걸이, 속도, 크기를 비교해야 한다. 그러므로 이제 막 소를 사서 시험해 봐야 한다는 변명은 잔치 주인을 공개적으로 모욕한 것이었다.

마지막 변명인 '막 결혼했다'는 참기 힘들 만큼 조잡하다. 당시 섹스는 매우 금기시되는 주제였고 지금도 그건 마찬가지다. 중동 사람 가운데 보수적인 종교인이라면 이를 형편없는 변명이라고 생각할 텐데 하물며 성적 문제를 공개적으로 떠들었으니 하인은 이런 변명에 안색이 변했을 것이다. 결국 하인은 수치심을 안고 돌아온다.

손님들이 모두 한결같이 잔치에 초대한 주인의 호의를 모욕하고 거절했다. 잔치 주최자는 어떻게 해야 할까? 그런 냉대를 받으면 누구나 분노할 것이다. 잔치를 연 사람은 이런 모욕에 분노할 권리가 있다. 지금도 마찬가지지만 당시 중동에서 환대는 거룩한 의무였다. 잔치에 참석함으로써 자신을 초대한 주인에게 큰 영광을 돌려야 한다.

그런데 잔치에 참석하지 않을 심산으로, 심지어 하인들 앞에서 그 주인을 모욕했다면 걸프 아랍인들과는 더 이상 상종하지 못할 것이다. 끔찍한 결과를 낳을 수 있는 사건이다. 적어도 잔치를 연 주인과 손님들의 관계는 영원히 깨질 것이다. 최악의 경우, 대부분 의 중동 사람들은 잔치를 연 사람이 폭력을 동원해서라도 자기 명 예를 지킬 만한 정당성을 갖고 있다고 느낄 것이다.

하지만 그는 완전히 예상치 못한 일을 한다. 지독한 모욕을 풍 성한 은혜의 기회로 바꾼 것이다. 연회에 참석할 자격이 있는 손님 들은 옆으로 밀려나고 대신 완전히 소외되고 무시당하던 사람들에 게 초대장을 보낸다. 그런 대규모 연회에 참석하는 것은 기대조차 하지 못했을 사람들을 불러 모은 것이다.

잔치를 연 사람은 초대했던 손님들의 거절에 대한 반응으로 지 역 공동체에서 사회적으로 가장 혜택을 받지 못하는 사람들을 초 청했다. 모욕에 격분하는 대신 자신의 감정 에너지를 은혜로 바꾼 다. 하인들은 나가서 가난한 사람, 몸이 불편한 사람, 앞을 볼 수 없 는 사람, 다리를 저는 사람 등을 데리고 들어왔다. 〈걸프 뉴스*Gulf News*〉나 〈아랍 타임스*Arab Times*〉에서 이런 손님들에 초점을 맞춰 소 개하는 결혼식을 상상이나 할 수 있을까?

다시 말하지만, 이 예수님 비유에 등장하는 손님들의 상황에는 신학적 차원의 메시지가 들어 있다. 예수님 시대에 존재했던 독실한 종교인 남자 집단은 하나님의 잔치에 들어와서는 안 되는 사람들이 있다고 주장했다. '악한 사람, 손이나 발이 마비된 사람, 다리를 저는 사람, 귀가 먹어 안 들리는 사람, 눈이 멀어 앞을 볼 수 없는 사람, 말할 수 없는 사람, 피부병이 있는 사람'[5] 등이다. 그런데 바로 이들이 지금 예수님이 말씀하고 계신 비유에서 잔치에 초대받은 이들이다.

예수님은 당시 종교 지도자들을 향해 그들이 하나님 나라에 대해 알고 있다고 생각하는 모든 것에 도전하셨다. 그들은 자신이 특별하다고 믿었고, 자신들의 지식과 신분을 얻기 위해 굉장히 열심히 일했으며, 자신의 종교를 무척 자랑스러워했다.

예수님은 이런 종교성 한복판에서 그들이 근본적인 무엇인가를 놓치고 있다고 지적하신다. 바로 '겸손'이다. 겸손이야말로 하나님을 향한 경외와 내 자신의 부족함을 깨닫고 하나님께 나아가게 이끈다. 겸손은 학습을 멈추지 않게 해 준다. 배워야 하는 새로운 것들, 발견해야 하는 새로운 보물, 더 깊이 파야 하는 새로운 지식은 언제나 존재한다. 종교 지도자들은 자부심과 자신의 율법 지식 때문에 오히려 눈멀었고 심지어 성경의 가르침을 이상하게 왜곡하기까지 했다.

위대한 선지자 이사야는 그날을 이렇게 예언했다. "만군의 여호와께서 …… 만민을 위하여 기름진 것과 오래 저장하였던 포도주로 연회를 베푸시리니 곧 골수가 가득한 기름진 것과 오래 저장하였던 맑은 포도주로 하실 것이며."[사 25:6] 여기에서 묘사하는 연회 초대 대상은 모든 사람이다. 하나님의 은혜는 다양한 사람들에게 임할 것이다. '적당히 종교적이고 자격이 있다고 여겨지는' 부류에 어울리지 않는 사람들도 초대받을 것이다. 하나님은 차별하지 않으신다.

마지막으로 큰 잔치 이야기에 한 가지 풍자가 더 남아 있다. 하나님을 기쁘시게 하고 싶어 하는 종교인들에게 도전이 되는 점은 잔치 주최자가 무척 급진적이라는 것이다. 마태복음 22장에 나오는 혼인 잔치 비유에는 왕'하나님'으로 이해이 등장하는데 거기서 왕이 도무지 초대받을 수 없는 사람들을 잔치에 데려오라고 명한다. 예수님은 청중들에게 그들도 똑같이 행하라고 도전하신다. 오늘날 결혼식 손님 명단을 작성하는 어느 누가 예수님의 이 같은 충고를 따를 수 있을까?

또 자기를 청한 자에게 이르시되 네가 점심이나 저녁이나
베풀거든 벗이나 형제나 친척이나 부한 이웃을 청하지 말라
두렵건대 그 사람들이 너를 도로 청하여 네게 갚음이 될까 하노라
잔치를 베풀거든 차라리 가난한 자들과
몸 불편한 자들과 저는 자들과 맹인들을 청하라
그리하면 그들이 갚을 것이 없으므로 네게 복이 되리니
이는 의인들의 부활시에 네가 갚음을 받겠음이라 하시더라.
누가복음 14장 12-14절

이를 문자 그대로 실천에 옮긴 한 부부 이야기를 읽은 적이 있다. 빌 존슨Bill Johnson; 캘리포니아 레딩에 있는 벧엘교회 목사에 따르면 한 미국인 부부는 자신들의 결혼식을 준비하면서 친구와 가족들에게 '외투, 모자, 장갑, 침낭'을 가져와 손님들에게 기부해 주었으면 한다고 부탁했다.

결혼식이 끝나고 이어진 피로연 자리에는 가난한 사람들과 노숙자들로 북적였고 신랑신부의 친구와 가족들은 '서빙 테이블 뒤로 가서 손님들에게 음식을 담아 주었다. 식사는 훌륭했고 배고픈 이들은 만족했다.'[6]

아랍에미리트연합에 살면서 한 라마단 기간에 이 가르침을 실제로 이행하는 장면을 보고 깜짝 놀랐다. 사람들은 보답할 필요가 없는 연회에 초대받았다. 도시 주변에 펼쳐진 이프타르Iftar; 라마단 기간 금식이 끝나는 일몰 이후 저녁 식사·옮긴이주 텐트가 그것이다. 이들 텐트는 기업체나 부유한 개인이 세운 것으로 이곳에 들어오는 모든 사람에게 무상으로 식사를 제공한다. 때로는 수백 명의 노동자들이 이프타르 텐트에 나타나 주최한 이들에게 후히 대접받았다. 아무런 대가성이 없다는 걸 알기 때문이다. 돈을 낼 필요도 없고 텐트에 들어가는 데 별도의 조건도 없었다. 식사는 무료이고 누구나 먹을 수 있었다.

이렇게 중동 이슬람 세계에서 발견할 수 있는 문화적 전통에서 거룩한 진리의 핵심을 포착할 수 있었다. 자비로운 환대 관행은 예수님이 가르치신 것처럼 하나님의 은혜를 반영한다. 은혜는 값없이 주어진다. 우리는 그것을 받을 자격이 없고 그것을 얻어 낼 수도 없다. 우리가 할 수 있는 유일한 반응은 겸손이다.

IRAQ

KUWAIT

BAHRAIN

QATAR

UNITED
ARAB
EMIRATE

SAUDI ARABIA

OMAN

YEMEN

*Jesus*
*of*
*Arabia*

PART 2

아랍의 종교관과
예수의 복음

# 법의 기초이자
# 삶의 전반에 얽혀 있는
# 이슬람

마크 앨런이 제시한 아랍 정신의 두 번째 필수 구성 요소는 '종교'의 역할이다. 이슬람은 7세기 이래로 아랍 세계를 규정해 왔다. 그것은 법의 기초이며 가정생활에서 사업 영역에 이르기까지 아랍 문화의 모든 측면에 얽혀 있다. 이슬람 문화를 종교와 따로 분리하기는 어렵다. 이는 마치 뜨거운 물 한 잔에 커피가 완전히 녹아 있는 것과 같다.

이슬람은 다른 종교들과는 거리가 있는 독특한 종교로서 유일신 알라와 경전 일치에 관한 독특한 교리를 가지고 있고 이것이 공동체 법의 기초를 형성한다. 그러므로 이슬람의 핵심적인 신앙 체계를 살펴보고 그것이 예수님의 신앙과 문화와 어떻게 관련이 있는지 검토할 가치가 있다. 많은 기독교인들은 이슬람을 잘 알지 못하기 때문에 성경의 세계와 이슬람 세계 사이의 연관성을 보지 못한다. 나는 이 책에서 무슬림 친구들이 "그래, 이게 내 신앙이야"라고 말할 수 있을 만큼 이슬람을 공정하고 정확하게 설명하고자 한다.

이슬람은 계시의 종교다. 사람으로부터 비롯된 것이 아니라 신 알라이 독실한 신자였던 한 아랍인을 통해 한 책을 계시하기 시작하셨다고 믿는다. 그의 이름은 무함마드였다.

## 무함마드 선지자

무함마드 선지자[PBUH][1]는 상인이자 독실한 일신론자로서 사막에서 홀로 지내며 신알라을 만나기를 간절히 원했다. 어느 날 동굴 안에서 깊은 명상에 잠겨 있던 중 그에게 말씀하시는 음성을 들었는데 들은 대로 전하라는[recite] 명령이었다. 이것이 그가 알라의 선지자가 되는 결정적인 순간이 된 것이다. '알라'는 아랍어 단어로 문자적으로 '하나님'을 의미하는 고유명사로 널리 사용했다.

이 신임 선지자는 신실한 아내 카디자Khadijah의 지원과 격려를 받아 꾸라이쉬Quraish 부족인 자신의 친척들에게 그 계시를 전하기 시작했다. 당시 그의 지역 공동체에서 주요 종교들은 정육면체 모양의 건물kaaba(카아바); 메카에 있는 대형 이슬람 사원 이름-옮긴이주에 기반을 두었는데 그곳은 다양한 신들과 신적 존재들을 표현하는 365개의 우상들을 모신 집의 역할을 했다. 즉 순례자들을 위한 정령 숭배의 수호자들인 메카의 알 꾸라이쉬 부족이 무함마드에게 직접 인도를 받아 이교도의 길에서 돌이켜 하늘과 땅의 창조주인 유일신 알라만 예배하게 된 것이다.

처음에는 무함마드의 메시지가 잘 통하지 않았다. 왜냐하면 그가 전체 공동체를 경제적으로 지탱해 주는 '존재 이유'에 도전했기 때문이다. 그는 새로운 신앙 때문에 공동체로부터 박해를 받는 신자들을 천천히 새 공동체로 모으기 시작했다. 메카Mecca; 아랍어 발음으로는 '마카'에서 박해가 가속화되자 이 새로운 무슬림 공동체는 사막을 가로질러 '메디나Medina'라고 불리는 오아시스 마을로 도피했다. 메카에서 메디나로 탈출한 사건Hijrah(히즈라); 622년 6-7월 사이에 일어났다-옮긴이주은 이슬람력의 시작과 이슬람 공동체의 탄생을 의미한다.

바로 이 메디나에서 이슬람이 형성됐고 응집력 있는 신앙으로 번성했으며 결국에는 열렬한 사막 부족들을 하나로 모아 메카를 재탈환할 수 있었다. 선지자의 지도력 아래 이슬람은 아라비아반도에서 놀라운 속도로 퍼져 나갔다. 무함마드가 사망한 지 300년 만에 무슬림은 이란에서 북아프리카, 그리고 터키에서 예멘까지 제국으로 통치했다.

이 거대한 제국을 떠받치는 것이 '알라 외에 다른 신은 없습니다. 무함마드는 그분의 사도입니다'라는 이슬람 신앙고백Shahada(샤하다)이었다. 무슬림은 누구나 자신의 신앙의 기둥을 완성하게 되어 있는데 하루에 다섯 번 기도하고salat(쌀라트), 자선을 베풀고zakat(자카트), 라마단 금식을 지키고sawm(사움), 일생에서 적어도 한 번은 메카를 순례하는 것Hajj(하즈)이다. '이슬람'이라는 단어의 어근은 복종을 의미한다. 평화라는 의미의 '쌀람'이라는 단어 또한 이슬람과 동종의 어근 계열에 속한다. 따라서 어원을 따져 보면 이슬람이란 알라에 복종함으로써 신자에게 평화를 약속한다고 결론지을 수 있다.

위에 언급한 다섯 개의 기둥과 함께 무슬림은 이슬람의 종교적 교리로 자신들의 신앙을 표현한다. 가장 강력한 신념은 알라의 유일성tawhid(타우히드)의 교리와 아담에서 시작해서 '선지자의 인장'이며 신성한 계시의 최종 수령자인 무함마드까지 이어지는 선지자 계보에 대한 믿음에 근거한다. 더 일찍 모세, 다윗, 예수에게 주어진 계시 역시 신적 권위가 있는 것으로 인정받는다.

이슬람의 영적 우주에는 알라에게 메신저로 쓰임받은 지브릴가브리엘을 포함한 천사들이 대거 등장한다. 이슬람의 종말론eschatology[2]은 심판의 날을 경고하는데 불신자들은 맹렬한 지옥에 던져지는 반면 경건하고 독실한 신자들은 울창하게 잘 가꾸어진 정원으로 묘사되는 낙원으로 인도될 것이다.

더불어 공동체를 지탱하는 것은 꾸란을 적용한 샤리아sharia 법과 하디쓰Hadith라고 불리는 무함마드 선지자의 어록 모음집이다. 샤리아 법은 예배에서 전쟁에 이르기까지 또 가족 문제에서 상업적 거래에 이르기까지 삶의 전반에 걸쳐 공동체에 지침을 제공한다.

처음부터 이슬람은 단지 종교적 신념 체계가 아니라 통치의 종합적인 수단이었다. 신실한 이들은 거룩한 율법의 지시를 따라 살아야 했고 일시적인 현세의 왕국과 영적 왕국 사이에는 구별이 없었다. 다시 말해서 이슬람의 DNA에는 '지상 위의 천국'이라는 청사진이 들어 있었다. 소수 집단의 신앙으로 남는 것은 꾸란과 하디쓰의 논리에 맞지 않다. 즉, 이슬람에 따르면 알라의 뜻은 모든 인간이 복종하는 것이다. 오직 전 사회가 꾸란에 계시된 알라의 뜻에 순종할 때만이 세상의 평화를 이룩할 수 있다.

이슬람, 유대교, 기독교의 연관성은 유일신 하나님이 하늘과 땅을 창조하셨고 그분이 선지자들을 통해 인간과 소통하셨다는 확신을 공유하는 것이다. 꾸란은 성경 속 선지자들의 유산을 인정하며 특히 모세와 무함마드 사이의 유사성에 주목한다. 모세와 무함마드 둘 다 거룩한 율법을 받았는데, 이 법이 그들의 공동체를 '다른 이들'과 구분 짓는 역할을 했던 것이다. 둘 다 종교 지도자, 법학자, 공동체 지도자, 정치가, 군사 지휘관이었다. 둘 다 난민이나 마찬가지인 백성을 인도해 광야를 떠돌아다녀야 했고 둘 다 자신들의 신앙 공동체가 기적적으로 확장되는 것을 목격했다.

레자 아슬란은 무함마드 선지자가 일찍이 유대인과 기독교인들

에게 계시되었던 빛 안에서 자신의 사역을 이해하고 있다고 보았
다. 꾸란은 유대인과 기독교인에게 계시된 경전이 계속해서 확장
된 것이며 이를 통해 모두를 아우를 수 있는 하나의 거룩한 공동체
를 이루도록 만드는 것이 바로 무함마드의 사명이었다는 것이다.

> 무함마드의 입장에서 유대인과 기독교인은 '경전을 가진
> 백성'으로서 아라비아의 이교도나 다신론자들과는 달리
> 자신의 무슬림 공동체와 같은 하나님을 예배하고 같은 성경을
> 읽고 동일한 도덕적 가치를 공유하는 영적 사촌들이었다.
> 각각의 신앙은 자기 고유의 종교 공동체개별적인 움마(Ummah)[3]를
> 구성했지만 이것을 두고 '일신론적 다원주의'라고 불렀던
> 모함마드 바미야Mohammed Bamyeh는 이들이 함께 모여 독특한
> 형태의 단일화된 '움마'를 구성했다고 본다. 그렇기 때문에 꾸란은
> 이렇게 약속한다. "모든 믿는 자들, 즉 유대인, 사비인하디쓰에 따르면
> 이슬람 개종자들-옮긴이주, 기독교인 등 **누구나 하나님과 마지막 날을**
> **믿는 사람은** 선을 행한다면 두려워하거나 후회할 일이 아무것도
> 없다."꾸란 5:69, 진한 글씨는 저자가 강조한 것[4]

레자 아슬란의 주장을 뒷받침하는 한 가지 예가 부카리 모음집
Bukhari Collection; 수니파 이슬람의 주요 하디쓰 모음집 가운데 한 권-옮긴이주에 수록된
하디쓰 중 잘 나타나 있다.

내가 내 앞에 있는 다른 선지자들과 비교할 때 비슷한 점은 모퉁이에 벽돌 한 개가 들어갈 틈만 남겨 둔 멋지고 아름다운 집을 지은 사람과 같다는 것이다. 사람들은 그것을 살펴보고 그 아름다움에 감탄하면서 이렇게 말한다. "이 벽돌을 그 자리에 놓으면 어떨까요?" 즉 나는 그 벽돌이고, 선지자들의 마지막이다.

사히흐 알 부카리 1:735

무함마드 선지자가 백성에게 계시한 법은 삶의 전반을 지배했고 그 중심에는 알라를 향한 예배 의식이 있었다. 예수님이 자신의 메시지를 들고 오신 곳은 모세의 율법 아래 살고 있던 중동 사회였다. 예수님이 말씀을 전하셨던 상황 역시 무함마드의 것과 무척 닮아 있다는 것을 알 수 있다. 즉 수준 높은 학자들이 자신이 속한 사회를 위해 성경을 해석하고 올바르게 기도하는 방법에서부터 개인적인 위생 문제에 이르기까지 모든 일상의 세세한 부분을 어떻게 대해야 할지 조언해 주며 이끌어 가는 의미 깊은 종교 공동체였다.

예수님은 율법서와 예언서를 가르침에 인용하셨고 종교법 아래 살아가면서 뛰어넘어야 하는 삶의 도전에 대해서도 아주 잘 알고 계셨다. 정착해 사는 사람들 외에 유목민도 그분의 청중이었으며 농부에서 어부, 그리고 군인에서 학자에 이르기까지 모든 삶의 계층에 속한 사람들이 예수님께 나아왔다. 그분은 여성과 어린이도 소외시키지 않고 그분의 가르침과 여정에 모두 포함시키셨다. 결

국, 예수님 역시 오늘날 아라비아 걸프 공동체와 별반 다를 것이 없
는 사회 속에서 말씀을 전하신 것이다.

# 금식

성령으로 배부를수록
이웃의 배고픔이 보이다

Fasting

금식은 이슬람 신앙과 영성의 중심 기둥 중 하나다. 라마단이슬람력으로 아홉 번째 달-옮긴이주 성월 기간에 수백만 명의 무슬림들은 일출부터실제로는 먼동이 틀 때부터 일몰까지 금식해야 한다. 음식도, 음료도, 담배도, 친밀한 관계도 금한다. 오직 일몰과 일출 사이에만 먹을 수 있다. 어떤 이들에게는 이 기간 동안 일상생활이 완전히 뒤바뀌기도 한다. 낮에 잠을 더 많이 자고 밤에 더 오래 깨어 있기 때문이다.

많은 무슬림에게 금식은 영적 혜택이 주어지는 훈련이다. 그런데 무슬림 외에도 금식하는 사람들은 있었다. 예수님 시대에 유대인, 특히 바리새인들은 하나님에 대한 자신들의 헌신을 표현하는 방법으로 금식했다. 독실한 유대인은 적어도 일주일에 한 번 금식해야 했다. 바리새인들은 일주일에 세 번까지 금식하라고 권했다. 그들은 자신들이 얼마나 영적인지 다른 사람들에게 알리는 걸 부끄러워하지 않았다. 그들은 일부러 옷을 벗고 얼마나 영적인 훈련을 열심히 하는지 다른 사람들에게 보이기 위해 자신의 벗은 몸을 더 약하고 창백하게 만들려고 애썼다.

예수님도 금식하셨다. 분명히 그것을 중요한 영적 훈련으로 여기셨고 제자들에게도 똑같은 것을 기대하셨다. 그분의 사역은 광야에서 40일간 금식한 이후에 시작되었으며 자신을 따르는 이들에게 그분은 다음과 같이 말씀하셨다.

금식할 때에 너희는 외식하는 자들과 같이 슬픈 기색을 보이지
말라 그들은 금식하는 것을 사람에게 보이려고 얼굴을 흉하게

하느니라 내가 진실로 너희에게 이르노니 그들은 자기 상을
이미 받았느니라 너는 금식할 때에 머리에 기름을 바르고 얼굴을
씻으라 이는 금식하는 자로 사람에게 보이지 않고 오직 은밀한
중에 계신 네 아버지께 보이게 하려 함이라 은밀한 중에 보시는 네
아버지께서 갚으시리라.

마태복음 6장 16-18절

금식을 공개적으로 널리 알리는 사람들이 상을 이미 받았다는
예수님의 말씀은 무슨 뜻일까? 사람들이 금식을 공개적으로 '과시
하는' 주된 이유는 자신의 훈련과 헌신이 다른 사람에게 좋은 인상
을 줄 수 있다 여기기 때문인 듯하다. 그게 목표라면 그걸 지켜본
사람들에게서 인정과 확인이라는 상을 받을 것이라고 예수님은 말
씀하신 것이다. 금식을 영성의 표식으로 여기는 동류 집단에서 그
들의 지위와 평판은 높아질 테지만 그게 전부다. 은밀히 금식하는
이들에게 예수님은 다른 것을 약속하신다. 그들이 받을 상은 다른
사람들의 존경이나 감탄 대신 하늘에 계신 아버지가 주시는 보상
이다. 마 6:16-18

금식은 서구 교회가 잃어버린 중요한 전통 가운데 하나다. 하지
만 이슬람은 초대 교회의 영적 전통을 충실히 보존해 왔다. 중동 전
역을 두루 여행했던 스코틀랜드 출신 기자 겸 작가인 윌리엄 달림
플William Dalrymple이 관찰한 다음과 같은 내용은 그리 놀랄 만한 것도
아니다.

이슬람은 고대 후기 레반트의 기독교가 대세인 환경에서 성장했기 때문에 당신이 인도나 중동의 고대 기독교 공동체에서 더 오래 머물수록 동방 기독교의 관행이 어느 정도까지 이슬람 기본 관습들의 본보기가 되었는지 더 많이 알아차릴 수 있을 것이다. 몸을 굽혔다가 엎드리는 무슬림의 기도 방식은 더 오래전에 존재했던 시리아 정교회의 전통에서 유래한 것으로 보이는데 지금도 레반트 전역에서 좌석이 없는 교회에서는 똑같이 한다. 둥글다기보다 정방형에 가까운 초창기 첨탑형 건축물은 틀림없이 비잔틴 시기 시리아의 교회탑에서 유래했으며 한눈에 보기에도 이슬람의 가장 독특한 관습 중 하나인 라마단은 동방 기독교가 여전히 지키는 사순절과 매우 흡사한 면이 있다. 한때 서구 교회에서도 시행하던 하루 종일 엄격하게 지키는 금식 말이다.[1]

분명히 어느 세대를 막론하고 성인들은 금식의 능력을 입증해 왔다. 금식은 우리의 정신과 욕망에 초점을 맞춘다. 일상의 필요들 때문에 가리어진 하나님을 향한 우리의 열정을 다시 불러일으켜 영적인 깊이와 깨달음의 자리로 이끌어 내기 위한 투쟁이 바로 금식이다. 그러나 때때로 우리는 금식을 이용해 다른 사람들에게 좋은 인상을 남기고 좀 더 어리석게는 하나님을 시험하고 감동시키려 한다. 성경에서는 앞에서 언급한 이런 문제들을 지적하며 다른 차원의 금식에 대해 말한다.

우리가 금식하되 어찌하여 주께서 보지 아니하시오며 우리가
마음을 괴롭게 하되 어찌하여 주께서 알아주지 아니하시나이까
보라 너희가 금식하는 날에 오락을 구하며 온갖 일을 시키는도다
보라 너희가 금식하면서 논쟁하며 다투며 악한 주먹으로
치는도다 너희가 오늘 금식하는 것은 너희의 목소리를 상달하게
하려는 것이 아니니라 이것이 어찌 내가 기뻐하는 금식이
되겠으며 이것이 어찌 사람이 자기의 마음을 괴롭게 하는 날이
되겠느냐 그의 머리를 갈대같이 숙이고 굵은 베와 재를 펴는 것을
어찌 금식이라 하겠으며 여호와께 열납될 날이라 하겠느냐 내가
기뻐하는 금식은 흉악의 결박을 풀어 주며 멍에의 줄을 끌러
주며 압제당하는 자를 자유하게 하며 모든 멍에를 꺾는 것이
아니겠느냐 또 주린 자에게 네 양식을 나누어 주며 유리하는
빈민을 집에 들이며 헐벗은 자를 보면 입히며 또 네 골육을 피하여
스스로 숨지 아니하는 것이 아니겠느냐.

이사야 58장 3-7절


　　이런 종류의 금식이라면 무슬림과 기독교인이 공유할 수 있지
않을까? 종교 간 관계에서 참신한 추세가 있는데 '공동 교전 신학co-
belligerent theology'이 바로 그것이다. 이런 협력의 전제는 이슬람이나 기
독교가 공통적인 신학적 자원을 갖고 있기 때문에 두 공동체 모두
빈곤이나 인신매매 같은 사회 보편적인 적을 대상으로 싸우도록
동기를 부여할 수 있다는 것이다.

금식은 하나님께 가까워지는 것이면서 동시에 사회 정의에 관심을 갖는 것이다. 예수님은 분명 자신의 금식을 앞의 구약 성경 구절과 동일시하신다. 대중 앞에서 한 구절을 읽고 이를 자신의 거룩한 사명과 연결시키셨기 때문이다. 그분은 주님의 영이 자신에게 임했고 가난한 자에게 아름다운 소식을 가져다주고 상한 자를 고치고 포로가 된 자에게 자유를 선포하라는 사명을 받았다고 선포하셨다. 이것은 이 땅에 천국을 가져오기는커녕 징벌의 수단으로 느껴질 만큼 기쁨도 없고 엄격하기만 한 종교법 적용과 확연한 대조를 이룬다.

종교 사회에서 금식의 규율은 율법 조문을 문자 그대로 지키는 기계적인 활동으로 변질될 수 있고 이런 경우 의무 이행이 공동체 성원 간의 냉혹한 경쟁이 될 수도 있다. 하지만 자칫 율법주의에 빠질 수 있는 잠재적 위험에도 불구하고 예수님은 금식 자체를 나쁜 것으로 암시하지 않으셨다. 그분이 종교적으로 위선적인 사람들을 비판하신 까닭은 그들이 기계적으로 독실해지는 과정에서 이웃들의 필요를 채워 줄 영적 의무를 버렸기 때문이다.

예수님이 의도하신 금식의 목적은 우리를 하나님께 가까이 가게 할 뿐만 아니라, 그 결과로 다른 이들에 대한 연민을 일으킨다. 예수님의 가르침에 담긴 핵심을 한마디로 요약하자면 이와 같을 것이다. '종교가 연민을 잃는 순간 그 종교는 하나님에게서 멀어지게 된다.'

하나님 나라의
참된 값어치

# 진주

Pearl

또 천국은 마치 좋은 진주를 구하는 장사와 같으니
극히 값진 진주 하나를 발견하매 가서
자기의 소유를 다 팔아 그 진주를 사느니라.

마태복음 13장 45-46절

아라비아 걸프를 생각할 때 나는 항상 진주를 떠올리곤 한다.
지금은 파괴되었지만 바레인의 유명한 진주 광장, 아랍에미리트연
합 샤르자Sharjah의 이티하드 광장에 있는 높다란 기둥 꼭대기에 얹
혀 있는 진주, 거대 진주를 채취했던 곳에 만들어진 아부다비의 워
터파크 등 어디에서나 진주의 상징을 볼 수 있다. 진주는 아라비아

걸프의 불후의 아이콘으로 남아 있다.

그런데 내가 충분히 인식하지 못한 것이 있다. 바로 진주를 시장에 가져오기까지 드는 순수한 인적 비용이다. 1930년대까지 진주 양식은 걸프 국가들의 주요 수입원이었다. 매년 청년들과 중년 남성들이 거대한 진주를 캐기 위한 경쟁에 나섰는데 타오르는 태양 아래에서 10분마다 다이빙해 들어가 물속에서 평균 3분간이나 숨을 참아가며 일한다. 이 작업은 최대 두 달 동안 계속된다.

진주 잠수부에 대한 초기 기록 중 하나는 이븐 바투타Ibn Battuta가 쓴 '아시아와 아프리카 여행기Travels in Asia and Africa'이다.

> 잠수부는 잠수를 하기 전에 자신의 얼굴에 거북이 껍질 마스크를, 코에는 거북이 껍질 집게를 얹는다. 그다음 자기 허리에 밧줄을 묶고 잠수한다. 물속에서는 견디는 게 제각각이다. …… 바다 밑바닥에 도착하면 거기 작은 돌들 틈으로 모래에 묻힌 조개를 찾아야 하고 손으로 그 조개들을 끄집어내거나 칼로 잘라 목에 걸고 있는 가죽 가방에 넣는다. 잠수부가 숨이 차올라 밧줄을 당기면 배에 남아 밧줄을 잡고 있는 사람은 그 움직임을 느끼고 그를 배로 끌어올린다. 그는 가방을 내려서 조개를 연다. …… 술탄이 다섯 번째 조개까지 가져가고 나면 나머지는 거기 배에 있는 상인들이 산다. 상인 대부분은 잠수부들의 채권자로 자신들이 빌려준 금액에 해당하는 만큼 진주를 가져가고 채무를 면제해 주었다.[1]

몇 백 년이 지난 후 또 다른 작가가 잠수부들이 겪는 고초를 강조했다.

> 그들은 한 번 호흡으로 70미터 이상을 잠수하곤 했는데
> 그들을 잡아당겨 표면으로 끌어올리는 게 조금만 늦어도 뇌가
> 손상되거나 사망에 이르곤 했다. 많은 사람들이 기진맥진하고
> 영양실조로 고통받으며 집으로 돌아갔다. 잠수부가 직면한 또
> 다른 위험은 드물긴 하지만 치명적인 상어 공격이었다. [2]

그들은 탈수나 햇볕으로 인한 화상과 함께 바다 독사나 질병의 위험에도 직면했다. 이 모든 것을 진주를 찾는 희망 하나로 견뎌 냈다. 진주는 사람을 속박에서 구할 수 있었고 고용 노동자의 가혹한 삶으로부터 자유를 살 수 있는 큰 가치를 지녔다. 무함마드 알 수와이디Mohammed Al Suwaidi는 진주를 캐는 잠수부였던 할아버지의 삶을 이렇게 묘사한다.

> 수십 명의 사람들로 가득 찬 60피트 보트에 올라타 바다로 나가
> 넉 달 동안이나 지내야 했다. 해가 돋기 전에 대추야자 열매 두
> 개를 먹고 물을 조금 마신 다음 최대 열 네 시간 동안 적어도
> 하루에 250차례 바다 밑으로 내려갔다. 그런 다음 저녁이 되면
> 갑판에서 저녁을 먹고 껍질이 열리기를 기다리는 동안 이미
> 열기에 살이 썩어 악취를 풍기는 수천 마리의 굴 껍질 사이에서 몇

시간 동안 이동해 가며 잠을 잤다.[3]

　　이런 어려움 때문에 진주는 매우 비쌌다. 진주는 희귀했으며 무작위로 얻어지는 성과이기도 하다. 두바이 해안에서 자란 칼라프 아흐마드 알 합투르Khalaf Ahmad Al Habtoor는 만 마리 야생 굴 중에서 오직 하나 정도만 자연 진주를 생산할 수 있다고 보았다. 그러나 많은 가정이 진주 양식으로 부자가 되었다. 유명한 미국 소설가 존 스타인벡John Steinbeck은 진주를 발견하는 과정과 희소성을 이렇게 설명한다.

　　　물속을 통과한 빛은 부서지고 입을 벌린 굴 껍질로 뒤덮인
　　　울퉁불퉁한 바닥에 단단히 붙어 있는 진주를 품은 쭈글쭈글한
　　　굴을 비추고 있다. …… 회색 굴 껍데기는 치마처럼 주름이 잡혀
　　　있고 그 치마 주름에 달라붙은 약간의 해초들과 함께 따개비들이
　　　굴을 덮고 있는데 작은 게들이 그 위로 기어오른다. 바로 이 순간
　　　사건이 발생한다. 한 알의 모래알이 굴 속의 근육 주름 안으로
　　　들어가 살을 자극하면 자기 방어를 위해 조갯살이 부드러운
　　　접착물로 모래알 주위를 켜켜이 감싸는 것이다. 하지만 일단
　　　시작하면 그 모래 알갱이가 갯벌에 떨어져 나가거나 조개가
　　　죽을 때까지 살은 이물질을 계속해서 감싼다. …… 하지만
　　　진주는 우연히 만들어지는 것이므로 그것을 발견하는 것은
　　　행운이었으며 하나님이 가볍게 등을 두드려 주는 격려와도 같은

진주

것이었다.[4]

일본의 양식 진주가 등장하면서 많은 이들이 큰 진주가 얼마나 소중하며 얼마나 쉽게 발견할 수 없는 것인지 잊고 말았다. 그러나 예수님 시대 사람들은 그 귀함을 잘 알고 있었고 진주의 위대한 가치에 대한 이야기를 가르침에 반영할 수 있었던 것이다. 진주는 부와 지위를 상징하는 것으로 모두가 탐내는 것이었다. 유명한 이집트 공주 클레오파트라는 2천 5백만 데나리온[1데나리온은 하루 임금 상당]의 진주 목걸이를 갖고 있었다고 전해진다.[5]

예수님 시대와 그 후 로마 역사를 묘사한 플리니우스Plinius는 이 지역에서 진주의 중요성을 이렇게 설명했다.

> 우리 숙녀들의 영광은 그들의 손가락에 진주가 매달려 있거나
> 그들 귀에서 두 세 개의 진주 알이 달랑거릴 때 심지어 진주들이
> 서로 부딪치며 덜거덕거릴 때 환하게 빛났다. …… 나는 전에
> 가이우스 황제의 아내 롤리아 파울리나서기 48년 사망를 본 적이
> 있는데 에메랄드와 진주로 완전히 뒤덮인 머리와 머리카락과
> 머리띠와 귀와 목과 팔목과 손가락에서 번 갈아가며 빛나고
> 있었고 대략 그 가치는 4천만 세스테르티우스고대 로마 주화-옮긴이주에
> 달했다. 그녀는 영수증이나 변제증서를 보여서라도 이 사실을
> 증명할 준비가 되어 있었다.[6]

이렇듯 진주는 어마어마한 가치가 있다. 진주의 희소성, 바다에서 추출해야 하는 어려움, 독특한 아름다움을 생각한다면 결코 하지 말아야 할 일이 있다. '자신의 진주를 돼지 앞에 던지는 것'이다. 예수님은 돼지들이 그 진주를 발로 밟고 돌이켜 우리를 찢어 상하게 할까 염려하라고 말씀하신다.<sup>마 7:6</sup> 이 구절은 복음을 진주에 빗대어 은유한 것이다.

진주에 관한 예수님의 비유는 한편으로는 쉽게 이해할 수 있는 아주 단순한 이야기지만 한편으로는 심오하면서도 매우 급진적이다. 만약 그리스도가 말씀하신 것을 제대로 이해했다면 우리의 반응은 하나님 나라에 완전히 헌신하는 것이어야 한다. 만약 이 진주의 참된 가치를 안다면 우리 삶에서 다른 모든 것은 이 보물을 확실하게 알아 가는 것에 비하면 크게 중요하지 않게 될 것이다.

예수님이 하나님 나라에 관해 말씀하신 것은 실제로 무슨 뜻이었을까? 그것은 간단하지만 한편으로 심오했다. 나라는 왕의 통치 아래 있는 영토를 가리킨다. 그렇다면 하나님 나라는 하나님의 통치 아래 있는 영토와 영역이다. 그러나 여기 중요한 문제가 있다. 하나님 나라는 지형학적인 특정 장소가 아니고 눈으로 볼 수 있는 지정학적 현실도 아니다. 예수님은 '내 나라는 이 세상에 속한 것이 아니다'라고 하셨다.<sup>요 18:36</sup> 다른 말로 하면 하나님 나라는 국적, 민족, 인종, 종교, 심지어 시간까지 초월하는 백성을 의미한다는 것을 알 수 있다.

이 나라를 알게 되는 것은 중요한 일이지만 그 진정한 가치를 인식하는 것은 완전히 다른 문제다. 이미 너무나 익숙해져서 많은 시간이 흐른 지금 그 의미를 상실한 문구들 중 하나다. 그러나 예수님의 원래 청중들, 메시아의 희망과 비전을 꿈꾸며 로마 압제 아래에서 필사적으로 삶을 이어 왔던 사람들, "이보다는 더 나은 삶이어야 해"라고 말하는 평범한 남자와 여자들은 예수님이 오랫동안 기다려 왔던 하나님 나라가 도래했고 왕이 가까이 계시다고 선포하셨을 때 그 가치를 이해했을 것이다. 진주가 성경과 꾸란에서 모두 영원한 생명의 상징이며 하늘과 낙원을 묘사하는 성경적인 이미지로 사용된다는 점은 주목할 가치가 있다.[7]

이제 값진 진주에 관한 예수님의 가르침을 이렇게 요약하려 한다. '하나님 나라는 전부를 걸 가치가 있다. 감추인 희귀품이지만 하나님의 임재 속에서 살아가는 바로 그 진수를 나타내는 것이다. 그것을 소유하는 것은 곧 영원, 그 자체를 소유하는 것이다.'

오늘날 우리는 정말 진주의 가치를 이해하고 있을까? 전성기를 맞은 진주 산업은 '피의 거래'라 할 수 있다. 사람들은 끔찍한 빚의 나락으로 떨어지며 고통을 받았고 누군가는 시장에 진주를 내다 파느라 죽어야 했다. 그것이 너무나 귀하고 비쌌기 때문이다. 예수님은 하나님 나라가 이와 같다고 암시하셨다. 예수님이 고통과 번민 속에 땀을 흘리며 이글거리는 햇볕 아래서 일생을 마감하셨다. 하나님 나라에 헤아릴 수 없는 가치를 부여하는 것은 바로 그분의 생명이다. 이것이야말로 엄청난 가치를 가진 진주다.

아라비아 걸프의 해안가에서 자라난 아랍인에게 '진주를 캐기 위해 사람이 치러야 하는 비용에 대한 이야기'는 매우 친숙하다. 또한 이 가르침은 보이지 않는 것을 믿는 믿음에 큰 가치를 부여한다.

# 발

권력과 영향력을
노골적으로 추구하는 종교인들

Feet

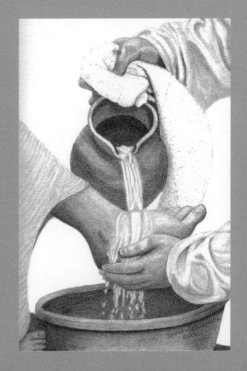

처음으로 발에서 먼지를 터는 남자를 본 순간을 결코 못 잊을 것 같다. 그는 한 걸프 국가의 경찰에게 체포된 관광객이었는데 무슬림에게 개종 활동을 벌인 혐의였다. 강제 송환을 위해 공항으로 보내진 그는 출발 라운지 옆에서 발을 들어 올려 의식을 벌이듯 먼지를 털었다. 그렇게 함으로써 예수님이 제자들에게 남기신 명령을 따랐다.

어떤 성이나 마을에 들어가든지 그중에 합당한 자를 찾아내어 너희가 떠나기까지 거기서 머물라 또 그 집에 들어가면서 평안하기를 빌라 그 집이 이에 합당하면 너희 빈 평안이 거기 임할 것이요 만일 합당하지 아니하면 그 평안이 너희에게 돌아올 것이니라 누구든지 너희를 영접하지도 아니하고 너희 말을 듣지도 아니하거든 그 집이나 성에서 나가 너희 발의 먼지를 떨어 버리라.

마태복음 10장 11-14절

중동에서는 발을 더러운 것이라 여긴다. 덥고 습한 기후라 발에 쉽게 땀이 차 거의 늘 끈적거리고 냄새가 나며 사막이라 먼지도 모래도 많이 밟고 다닌다. 아랍인 사회에서 누군가에게 당신의 발바닥을 가리키는 것은 무례한 일이며 아랍인이 줄 수 있는 가장 큰 모욕은 신발을 들어 사람을 때리는 것이다. 바그다드에서 사담 후세인의 거인 같은 동상이 끌어내려지던 장면을 누가 잊을 수 있을까?

그 동상이 땅에 떨어지자마자 이라크 시민들은 즉시 샌들과 신발로 동상을 때렸다. 극도의 모욕을 시사하는 행위였다. 또 몇 년 후에는 다른 이라크 시민이 미국의 조지 부시 대통령에게 신발을 던지면서 격렬한 분노를 표출했다.

예수님의 이 가르침은 중동 문화의 부정적 측면을 강조한다. 예수님이 언급하신 긍정적인 측면은 아랍인들의 환대 문화다. 그분은 제자들에게 이 지역을 돌아다니면서 지역 사람들의 환대를 받아들이라고 격려하셨다. 새로운 장소로 길을 나서려고 할 때 누구를 만나고 어디로 가야 할지 선입견을 갖고 전략을 짜는 대신 발길 닿는 대로 돌아다니다가 문이 열린 집의 초대를 받아들이고 이를 통해 다른 사람들도 만나라고 명하신 것이다.

그분은 그 집에 평화의 인사로 인사하라고 명하신다. 오늘날에도 아랍인들 사이에서 잘 지켜지는 전통이다. "앗-쌀라무 알레이쿰 As-salāmu 'alaykum"은 아랍어로 자주 들을 수 있는 인사말이다. 문자적으로 '평화가 당신에게 있기를'이라는 뜻이다.

사람이 다른 사람에게 평화를 선언하면 매우 심오한 일이 나타난다. 말하는 사람이 상대방에게 해를 끼치고 싶지 않음을 분명히 나타내는 특정한 의미를 담은 말이다. 중동 언어에서 히브리어 '샬롬shalom', 아람어 '슐람shlaam', 아랍어 '쌀람salaam'은 영어 '피스peace'보다 훨씬 깊은 의미를 담고 있다. 아랍어와 히브리어에서 '평화'의 개념은 상대방의 삶이 하나님의 뜻과 목적에 온전히 일치하기를 바라는 소망을 담고 있다. 즉 축복과 선의의 기도다. 또 암묵적으로 상대방의 삶에 하나님이 본질적으로 필요하다는 사실을 인정한다. 하나님 없이는 온전함과 균형감, 그리고 참된 평화를 누릴 수 없기 때문이다.

예수님은 제자들을 그분의 대리자로 삼아 파송하는 상황에서 이 가르침을 주셨다. 예수님이 제자들에게 내리신 명령은 이 시대 문화에도 동일하게 울려 퍼져야 한다. 그분은 제자들을 불러 평화를 주는 사람이 되라고 하셨는데 이것은 중동 사회에서 평화를 사랑하는 주인들의 환대를 통해 흘러넘친다. 서구에서도 평화의 개념이 완전히 사라진 것은 아니다. 유럽과 미국에서 일반적인 인사말은 "이봐, 안녕, 어떻게 지내?"같이 현저히 비종교적인 문구지만, 서구 교회는 여전히 평화를 나누고 모인 사람들에게 복을 빌어 주는 사상을 지켜 나간다. 아라비아 걸프에서도 평화를 나누는 일은 아랍어로 "앗-쌀라무 알레이쿰"이라는 친숙한 인사를 통해 전달되는 일상 행위다.

의심, 갈등, 폭력에 시달리는 세상에 평화를 가져오기 위한 첫걸음은 진심을 담아 이렇게 말하는 것일 수 있다. "당신에게 평화가 있기를!"

## 다른 사람보다 더 강해지려는
## 인간의 욕망

　복음서에 발과 관련된 두 번째 사건이 있다. 이 중요한 사건에서 예수님은 종교인들이 어떻게 지도자로서 행해야 하는지 강조하셨다. 더 높은 지위를 위해 고군분투해야 하는 분명한 서열이 존재하는 사회에서 종이라면 다수 사람들보다 아래쪽에 위치할 것이다. 다른 사람의 발을 씻기는 것은 당시 가장 비천한 일이었다. 손님이 집에 들어서면 종들이 새로 온 손님 앞에 무릎을 꿇고 그 발에 묻은 흙과 얼룩을 물로 씻어 냈다. 지금처럼 그때도 발은 신체의 가장 더러운 부분으로 간주되었다. 다른 사람에게 발바닥을 가리키는 것은 예의에 어긋나므로 발을 만져야 하는 일은 자연히 가장 낮은 종의 소임이었다.

　　저녁 잡수시던 자리에서 일어나 겉옷을 벗고 수건을 가져다가
　　허리에 두르시고 이에 대야에 물을 떠서 제자들의 발을
　　씻으시고 그 두르신 수건으로 닦기를 시작하여 시몬 베드로에게
　　이르시니 베드로가 이르되 주여 주께서 내 발을 씻으시나이까
　　예수께서 대답하여 이르시되 내가 하는 것을 네가 지금은 알지
　　못하나 이후에는 알리라 베드로가 이르되 내 발을 절대로
　　씻지 못하시리이다 예수께서 대답하시되 내가 너를 씻어 주지
　　아니하면 네가 나와 상관이 없느니라 시몬 베드로가 이르되

주여 내 발 뿐 아니라 손과 머리도 씻어 주옵소서 …… 그들의
발을 씻으신 후에 옷을 입으시고 다시 앉아 그들에게 이르시되
내가 너희에게 행한 것을 너희가 아느냐 너희가 나를 선생이라
또는 주라 하니 너희 말이 옳도다 내가 그러하다 내가 주와 또는
선생이 되어 너희 발을 씻었으니 너희도 서로 발을 씻어 주는
것이 옳으니라 내가 너희에게 행한 것같이 너희도 행하게 하려
하여 본을 보였노라 내가 진실로 진실로 너희에게 이르노니
종이 주인보다 크지 못하고 보냄을 받은 자가 보낸 자보다 크지
못하나니 너희가 이것을 알고 행하면 복이 있으리라.

요한복음 13장 4-17절

중동 바깥 지역 사람들에게 이 본문에 나오는 발 씻는 사건의
충격을 제대로 전달하기란 다소 어려운 일이다. 서구인은 집 안에
서도 신발과 양말을 신고 있으므로 신발이나 양말을 벗을 때마다
반드시 발을 씻지는 않는다. 그러나 열과 습도, 먼지와 모래 때문에
일상적으로 샌들을 신는 중동 사람들에게 이 이야기는 완전히 다
른 의미다.

땀이 차고 냄새나는 발이 여기저기 있는 것은 한마디로 꽤 불쾌
한 상황이다. 중동에서 발을 씻기는 일은 가장 지위가 낮은 하인의
몫이다. 예수님의 가르침은 당시 야망 있는 종교 지도자들은 물론
출세를 좇는 중동 사람들에게 정면으로 도전하는 것이었다. 실제
로 예수님은 이렇게 말씀하신 것이다. "네가 나와 상관 있기를 바란

발

다면, 가장 낮은 종과 같은 수준으로 자신을 낮추고 너 자신보다 더 다른 사람들을 섬겨야 한다."

그런데 안타깝게도 전 세계 종교인들이 자신의 삶에서 이 교훈을 실제로 적용하는 데 종종 실패한다. 아마도 예수님이 행하신 일에서 문화적 중요성을 놓쳤기 때문일 것이다. 나는 이 가르침이 다른 사람들보다 더 당당하고 더 강해지려는 인간의 공통적인 욕망을 지적한다고 생각한다. 불행히도 오늘날 교회와 같은 종교 기관들은 누구 못지않게 권력과 영향력을 더욱더 노골적으로 추구하는 덫에 걸려 있다.

이 가르침을 현대적으로 적용하는 것이 아라비아 걸프에서 가능한지 문득문득 궁금하다. 걸프협력위원회 국가들에서 목욕재계는 일반 가정들에서는 물론 이슬람 사원에서도 날마다 일어나는 일이다. 무슬림들은 '깨끗한' 상태로 하나님 앞으로 나아가기 위해 기도를 준비할 때 손과 얼굴 그리고 발을 씻는다. 그러나 발을 씻은 사람 뒷줄에서 기도하는 사람 역시 동료 예배자의 위생적인 발 상태가 고마울 거라고 확신한다.

물론 예배자가 자기 발을 씻는 것도 중요한 일이지만, 예수님의 말씀을 이 맥락에 적용해 본다면, 예배자들에게 '하나님께 겸손히 기도하며 나아간다'는 의미로 서로의 발을 씻어 주라고 훈계하는 게 가능할까? 이것은 참으로 도전적인 생각이며 그렇다면 예수님이 제자들의 발을 씻기신 본보기는 리더십과 관련하여 충격과 함께 논쟁을 일으키기에 충분하다.

이 모든 것은 비유와 삶의 모습을 통해 예수님이 지속적으로 강조하셨던 핵심적인 가르침이다. 그분은 하늘에 계신 한 분 하나님을 경배하는 일에는 겸손이 필요하다고 확신하셨다. 즉 하나님께 기도로 나아갈 때와 다른 사람들과의 관계에서 겸손이 필요하다.

그분은 우리가 스스로를 하나님의 참된 예배자로 정의하기 전에 우리 이웃의 필요부터 채워 주는 게 겸손이라고 결론지으셨다. 예수님의 모든 가르침 중에 가장 이해하기는 쉽지만 실천하기는 힘들다. 이 가르침을 실천하지 못했을 때 초래할 수 있는 가장 심각한 결과는 아마도 영적 자만, 마녀 사냥, 종파주의, 편견, 폭력적인 박해 등이 될 수 있다. 예수님의 가르침을 실천할 때 따라오는 논리적인 결과를 상상하기는 참으로 어렵지만 예수님의 제자들이 이 도전을 무시할 수는 없을 것이다. 예수님은 이 교훈을 같은 장 뒷부분에서 다음과 같은 명령형으로 요약하신다.

> 새 계명을 너희에게 주노니 서로 사랑하라 내가 너희를 사랑한 것같이 너희도 서로 사랑하라 너희가 서로 사랑하면 이로써 모든 사람이 너희가 내 제자인 줄 알리라.
>
> 요한복음 13장 34-35절

IRAQ

KUWAIT

BAHRAIN

QATAR

UNITED
ARAB
EMIRATE

SAUDI ARABIA

OMAN

YEMEN

*Jesus of Arabia*

# PART 3

# 아랍의 여성관과
# 예수의 복음

/

# 아랍 여성에게
# 규정된 역할과
# 공동체 안에서의 위치

마크 앨런에 따르면 아랍 정신의 세 번째 필수 구성 요소는, 이슬람교에 명시된 여성에게 명확히 규정된 역할, 그리고 부족과 가족 구조 속에서 그들의 위치다. 아라비아반도는 물론이고 어떤 지역에서든 성 역할을 일반화하는 것은 언제나 위험하다. 그런데 오만의 산악 마을 여성과 사우디아라비아의 유목민 베드윈 종족 여성 사이에는 특히 그들의 복장과 생활방식에서 큰 문화적 차이가

있을 수 있고, 부족과 가족의 보수적인 기대는 이 지역에서 여성의
역할에 대해 널리 알려진 변수로 작용한다.

서기관들과 바리새인들이 음행 중에 잡힌 여자를 끌고 와서
가운데 세우고 예수께 말하되 선생이여 이 여자가 간음하다가
현장에서 잡혔나이다 모세는 율법에 이러한 여자를 돌로 치라
명하였거니와 선생은 어떻게 말하겠나이까 그들이 이렇게 말함은
고발할 조건을 얻고자 하여 예수를 시험함이러라 예수께서
몸을 굽히사 손가락으로 땅에 쓰시니 그들이 묻기를 마지
아니하는지라 이에 일어나 이르시되 너희 중에 죄 없는 자가
먼저 돌로 치라 하시고 다시 몸을 굽혀 손가락으로 땅에 쓰시니
그들이 이 말씀을 듣고 양심에 가책을 느껴 어른으로 시작하여
젊은이까지 하나씩 하나씩 나가고 오직 예수와 그 가운데 섰는
여자만 남았더라 예수께서 일어나사 여자 외에 아무도 없는 것을
보시고 이르시되 여자여 너를 고발하던 그들이 어디 있느냐 너를
정죄한 자가 없느냐 대답하되 주여 없나이다 예수께서 이르시되
나도 너를 정죄하지 아니하노니 가서 다시는 죄를 범하지 말라
하시니라.

요한복음 8장 3-11절

머리끝에서 발끝까지 검은 색으로 둘러싼 여성들이 무리를 지
어 쇼핑몰을 돌아다니는 모습은 서구인의 호기심을 자극한다. 지

독한 더위에도 불구하고 이 여성들은 무겁고 검은 망토 같은 아바야abayas를 두르고 머리에는 히잡hijab이라는 검은 숄을 두른다. 좀 더 보수적인 여성이라면 얼굴을 니캅niqab이라는 베일이나 부르카burqa라는 마스크로 완전히 가린다. 이렇게 함으로써 자신의 정체성을 감추고 공공 장소에서 다른 이들과의 접촉을 피하려는 것이다. 그렇다면 과연 걸프 지역의 여성은 어떤 삶을 살아가는 것일까?[1] 그들은 자신들을 억누르는 제약들을 인식하고 분개하는가? 남성과 격리된 상태로 이뤄진 결혼은 남성과의 관계에 어떤 영향을 미치는가? 그들은 억압받는다고 느끼는가?

기독교 신앙을 가진 한 미국인 친구가 쿠웨이트의 아랍 남성과 그의 두 부인 이야기를 들으며 짓던 고통스러운 표정을 기억한다. 그 친구는 질책하듯이 머리를 흔들며 이렇게 말하는 것 같았다. "불쌍한 여성들!"

19세기의 오리엔탈리즘아시아 국가들이 서구 세계의 동쪽에 있다는 의미에서 서구의 가치관과 대치되는 아시아적 가치를 상대화하는 문화적 성향-옮긴이주 전통은 다른 세계의 눈으로 보기에는 고립을 강요당한 채 하렘harem에서 억압과 끔직한 권태에 묶여 있는 이국적인 여성들의 이미지를 만들어 냈다. 현시대 책들 거의 전부가 아라비아 여성의 처지가 유감스럽다는 견해를 강조한다.[2]

아마도 이슬람이나 중동에 관한 강좌에서 가장 먼저 하는 질문은 '왜 여성들이 그런 대우를 받느냐?'일 것이다. 아랍계 미국인 인류학자 로라 나디르Laura Nader는 이런 질문 너머에는 '서구 여성의 형편이 중동 여성보다 낫다'라는 보이지 않는 숨은 가정이 있다고 밝힌다.[3] '명예 살인'이나 아랍 남성의 강간 혐의를 다루는 보도는 서구 여성들이 누리는 자유와 확연히 대조된다. 하지만 나디르는 평범한 미국 여성이 남편에게 강간당하거나 살해될 가능성이 아랍 여성보다 훨씬 높다는 걸 보여 주는 충격적인 통계 자료를 인용한다. 이슬람이 여성의 유일한 압제자처럼 보이겠지만 사실 증거 자료에 따르면 예수님 시대에도 여성들은 똑같이 힘든 시간을 보내며 다양한 차별과 불의에 직면했다.[4]

예를 들어 베일을 쓰거나 얼굴을 덮는 문제는 이슬람 이전으로 거슬러 올라가는데 아라비아반도의 여성 복장은 이슬람 이전의 유대인 부족에게서 유래했다고 추정된다.[5] 머리카락을 가리는 전통은 단지 이슬람만이 아니다. 오늘날 보수적인 많은 아랍계 기독교 여성들도 예배 중 머리를 가리며 서구 가톨릭 교회에서는 하나님께 영적 소명을 받은 여성들(수녀)이 순종의 표현으로 머리카락을 가린다.

예수님은 여성과 관련된 문제를 다루실 때 자주 급진적으로 비쳐지는데 모세를 통해 주어진 율법의 가르침까지 거부하는 것처럼 보인다. 개관을 시작하며 밝힌 것처럼 복음서에는 종교 전문가들이 예수님을 함정에 빠뜨리기 위해 범죄 현장에서 잡은 여인을 예수님 앞으로 데려오는 장면이 있다. 그들은 예수님이 사랑과 연민의 정신을 발휘해 간통죄로 잡힌 여성의 처벌은 돌로 쳐 죽이라고 분명히 명시돼 있는 거룩한 율법을 무시하실지 여부를 알고 싶었다. 그래서 공개적으로 예수님이 하나님의 계시를 따르지 않는 모습을 보이려 했던 것이다. 만약 예수님이 처형에 동조한다면 그동안 그가 말한 사랑과 연민은 한낱 말장난에 불과한 것으로 만들려는 것이다.

이 여자는 강제로 남자 무리 앞에 끌려 나왔다. 성행위 도중에 잡혔다면 옷을 제대로 입지 못했을 것이니 여자가 당한 수치는 충분하다. 종교 지도자들이 이제 여자에게 어떻게 해야 하냐고 예수님께 답을 구하며 괴롭히기 시작한다. 그러자 예수님은 몸을 구부리고 앉아 모래 위에 글을 쓰셨다. 그분이 땅에 무엇을 쓰셨는지 단지 추측할 뿐이지만 윌리엄 바클레이[William Barclay]가 기록한 가장 흥미로운 제안 중 하나를 소개해 본다.

> 아르메니아 주석과 본문은 이 구절을 다음과 같이 번역한다. '그분은 머리를 숙이고 자신의 손가락으로 그들의 죄를 단죄하며 땅에 쓰셨다. 그리고 그들은 땅에 적힌 자신들의 몇 가지 죄를 보고 있었다.' 다시 말해 예수님은 여자를 정죄하는 바로 그 남자들의 죄를 땅 위에 쓰고 계셨던 것이다. 거기에 뭔가 있었을 것이다. '쓰다'를 뜻하는 표준 헬라어는 그라페인[graphein]이지만 여기서 사용한 단어는 카타그라페인[katagraphein]으로 누군가를 고발하는 기록을 적어 둔다는 의미일 수 있다. 예수님은 아마도 만만치 않게 죄를 짓고도 허세로 가득 찬 사디스트[sadist; 가학성애자]들과 겨루고 계셨던 것 같다.[6]

이것으로 왜 여자를 고소한 사람들이 차례로 떠나가고 예수님 앞에 여자만 멍하니 서 있게 되었는지 설명할 수 있다. 여인 역시 부끄러웠던 삶을 벗어나 새롭게 살아가라는 말씀을 듣고 떠난다. 미셸 기네스Michele Guinness는 이렇게 지적한다.

> 예수님은 구약 성경 신학을 바꾸거나 무시하지 않으셨다. 그분은
> 그것을 해석하고 개선하셨으며 세월이 흐르며 인간의 위선으로
> 인해 형성된 문화적 잡동사니를 떼 내어 자비롭게 다듬으셨다.
> 자유를 가져다주며 삶의 변화를 일으키는 이러한 접근 방식은
> 예수님이 간음한 여인을 정죄하는 대신 그녀의 남성 파트너가
> 사라졌다는 사실에는 관심도 없는 남성 고발자들에게 할 수
> 있다면 먼저 돌로 치라고 하셨을 때 확연히 드러나게 된다.[7]

오늘날 이슬람 세계의 일부 지역에서 간통죄 형벌은 최악의 경우 돌을 던져 죽이거나, 그나마 나은 경우 태형이다. 그런 점에서 이 이야기는 비슷한 곤경에 처한 몇몇 무슬림 여성들과 여전히 관련성이 있다.

여기서 한 가지 잊지 말아야 할 것은 결코 예수님이 간음죄를 가볍게 여기신 것이 아니라는 점이다. 오히려 그분은 여자에게 두 번째 기회를 주셨고 같은 행동을 반복하지 말라고 경고도 하셨다. 하지만 그분의 분노는 사실은 종교 지도자들에게로 향했다. 여인을 단지 도구로 격하시키는 그들의 음모와 태도가 문제였다. 그들

은 여인을 수치스럽게 하고 인간성을 훼손했다. 그들의 잔인함에는 어떤 연민이나 존중도 없었다. 한 저자는 심지어 그들이 간통한 남성에게 돈을 지불하고 여자에게 덫을 놓아 예수님을 시험하려 했다고 추측하기도 한다.

하지만 예수님은 이 여자를 한 사람의 인격체로 보셨다. 잔인하고 냉소적인 종교 집단의 독선적인 교만함과 대조적으로 겁에 질려 망가진 여자를 바라보셨다. 그분은 상황을 역전시키셨다. 모래 위에 손가락으로 글을 쓰시면서 그들의 위선을 드러내시고 그들 스스로 수치심을 느껴 도망치게 만드셨다.

예수님의 이 가르침에서 우리는 그분이 당시 팔레스타인에서 어떻게 여성들을 대하셨고 무엇을 가르치셨는지 알 수 있다.

향유

Scent

누가 은혜받은 예배자인가

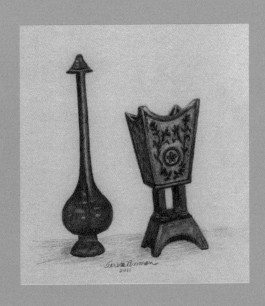

걸프 지역 쇼핑몰 어디를 가든 '우드$^{Oud}$'라고 불리는 향수나 향료를 전문적으로 판매하는 상점이 적어도 하나씩은 있다. 간혹 상점에서는 우드 향을 피워서 가게를 홍보한다. 시장 곳곳에 퍼지는 강력한 향으로 고객들을 끌어당기는 것이다.

일반적인 전통으로는 마즐리스나 집을 방문했을 때 주인이 그릇 하나를 가져다 놓고 거기에서 향을 피운다. 그러면 손님들은 구름처럼 뭉게뭉게 피어오른 향을 자신들의 옷에 골고루 퍼지게 한다. 때로는 향을 태우는 장치를 카펫 위에 놓는데 긴 예복을 입은 손님들은 그 위로 올라서서 연기가 다리 사이를 지나 목까지 올라오게 한다. 그렇게 해서 땀이 차고 습기가 많은 기후에서 불쾌한 냄새를 지운다.

아라비아 걸프에서는 강렬한 향수가 인기 있다. 쿠웨이트, 두바이, 아부다비의 길거리를 돌아다니다 보면 아랍인 남녀가 뿌린 향에 보통 사람은 후각이 마비될 정도다. 이것은 부를 창출하는 대형 산업이다. 향수는 비싼 데다가 자동차처럼 부를 과시하는 수단이 되기도 한다.

예수님 시대에도 마찬가지였다. 향유와 향료는 신체의 냄새를 감추는 데 필수적이었다. 또 방부 처리에도 사용했다. 고온의 날씨라 시체는 매우 빨리 부패했는데 부패한 시신의 냄새를 향유가 감춰 줄 수 있었다. 끝으로 향료, 특히 유향은 예배에서 기도의 상징으로 사용되었다. 유향이 하늘로 올라갈 때 연기는 백성이 하나님께 올리는 소망과 탄원의 유력한 표시가 되어 마치 이렇게 말하

는 것과 같았다. "나의 기도가 주의 앞에 분향함과 같이 되게 하소서." 시 141:2

요한복음에는 다음과 같은 사건이 나온다.

> 마리아는 지극히 비싼 향유 곧 순전한 나드 한 근을 가져다가
> 예수의 발에 붓고 자기 머리털로 그의 발을 닦으니 향유 냄새가
> 집에 가득하더라.
>
> 요한복음 12장 3절

상식적으로 따져 보면 이건 대단한 낭비였다. 향유의 가치를 환산해 볼 줄 아는 예수님의 제자 한 사람이 즉시 항의 의사를 표했다. 일 년치 노동자 임금이 예수님 발에 쏟아졌다는 것이다. 이에 대해 예수님은 "그를 가만두어 나의 장례할 날을 위하여 그것을 간직하게 하라" 요 12:7라고 하셨다.

향유는 예배의 표시였다. 마리아는 예수님으로부터 아무것도 받지 않았다. 그것은 그분께 드리는 마리아의 선물이었다. 예수님은 마리아가 부은 이것으로 증인들에게 향유와 향료의 주요한 다른 용도, 즉 시신 매장 준비를 상기시키셨다. 이 사건에서 이미 예수님은 자신의 운명을 알고 있음이 드러난다. 그분은 십자가 처형이라는 운명을 향해 전진하고 있었는데, 이것이 자신의 의도이자 목적임을 표시하신 것이다. 그분의 죽음은 실수가 아니었다. 예수님은 자신의 삶을 구약 성경에 등장하는 예언들을 통해 해석하셨

다. 그 예언들은 죽임당하게 되어 있는 고통받는 종의 이야기를 하고 있었다.

그런데 이 이야기는 예수님의 발에 향유를 쏟아부은 여인에 관해 더 많은 내용을 담고 있다. 예수님은 다른 차원에서 이 여인을 소개하신다. 전통적으로 그분의 발에 향유를 부은 여인의 신원은 성경이 실제로 창녀로 언급하는 것은 아니지만 성적으로 문란한 여인, 즉 창녀로 알려진 막달라 마리아로 분석한다. 복음서는 그녀를 귀신에 사로잡혔다가 풀려난 여자라고도 묘사한다.[1]

우물가의 사마리아 여인처럼 마리아도 자신의 공동체로부터 경멸과 비웃음을 받는 대상이었고 어쩌면 상당히 두려운 존재로 여겨졌을 것이다. 종교 지도자들은 여인의 부도덕한 성적 특징과 귀신의 영향으로 오염되는 것을 두려워해 이 여성과 같이 있는 것을 피했고 그녀가 만지는 것도 확실히 거부했을 것이다. 그러나 예수님은 여인이 자신의 발에 기름을 붓도록 허락하시고 여인의 존재를 받아들임으로써 동행한 이들에게 충격을 주셨다. 누가복음은 이 장면을 다음과 같이 생생하게 묘사한다.

> 그 동네에 죄를 지은 한 여자가 있어 예수께서 바리새인의 집에
> 앉아 계심을 알고 향유 담은 옥합을 가지고 와서 예수의 뒤로 그
> 발 곁에 서서 울며 눈물로 그 발을 적시고 자기 머리털로 닦고 그
> 발에 입맞추고 향유를 부으니 예수를 청한 바리새인이 그것을
> 보고 마음에 이르되 이 사람이 만일 선지자라면 자기를 만지는 이

여자가 누구며 어떠한 자 곧 죄인인 줄을 알았으리라 하거늘.

누가복음 7장 37-39절


바리새인들은 극단적으로 헌신한 사람들이었다. 그들은 종교법에 따라 살았고 학자들이 기록한 이 법들과 신조의 해석을 제공함으로써 하나님을 기쁘시게 하려고 했다. 율법의 중요한 목적은 예배자가 하나님의 임재 안에서 의식의 정결함을 유지할 수 있게 해주는 것이다. '죄인'인 여자가 만지면 예배자의 몸은 더러워질 것이다. 예수님은 이것이 이 집주인의 관심사이고 그의 집에 마리아가 머무는 것 때문에 불편하리라는 것을 아셨다.

하지만 바리새인은 예수님이 그 여자에게 어떻게 반응하시는지 보기 위해서 이 정도 불편함은 감수할 준비가 된 것처럼 보인다. 그들은 예수님이 진정 의로운 사람이라면 마리아를 집에서 내보낼 테고 선지자라고 주장하는 사람이라면 그런 '죄인'을 향해 끝없는 종교적 분노를 내보일 것이라고 생각했다. 그러나 예수님이 이렇게 하지 않으셨기에 그가 선지자나 의인이 맞는지 의심하던 바리새인 시몬의 마음속에 의혹이 생겨났다.

다음에 일어난 일은 예수님이 바리새인 시몬의 생각을 알고 계셨고 실제로 그가 예상대로 반응했음을 암시한다. 누가복음은 예수님의 반응을 이와 같이 기록한다.


시몬아 내가 네게 이를 말이 있다 …… 빚 주는 사람에게 빚진

자가 둘이 있어 하나는 오백 데나리온을 졌고 하나는 오십

데나리온을 졌는데 갚을 것이 없으므로 둘 다 탕감하여 주었으니

둘 중에 누가 그를 더 사랑하겠느냐.

누가복음 7장 40-42절

이에 대한 답은 명백하다. 바리새인 시몬은 더 많은 것을 빚진 사람이 더 감사할 것이라고 답한다. 그러자 예수님은 여인을 가리키시며 중동의 청중들을 놀라게 한 교훈을 이어 가신다.

이 여자를 보느냐 내가 네 집에 들어올 때 너는 내게 발 씻을

물도 주지 아니하였으되 이 여자는 눈물로 내 발을 적시고 그

머리털로 닦았으며 너는 내게 입맞추지 아니하였으되 그는 내가

들어올 때로부터 내 발에 입맞추기를 그치지 아니하였으며

너는 내 머리에 감람유도 붓지 아니하였으되 그는 향유를 내

발에 부었느니라 이러므로 내가 네게 말하노니 그의 많은 죄가

사하여졌도다 이는 그의 사랑함이 많음이라 사함을 받은 일이

적은 자는 적게 사랑하느니라 이에 여자에게 이르시되 네 죄

사함을 받았느니라 하시니.

누가복음 7장 44-48절

예수님은 중동 문화의 틀에 박힌 종교적인 지혜, 다시 말해 종교적인 의식과 율법을 지킴으로써 하나님을 기쁘시게 하려고 애쓰

는 것에 도전하셨다. 사람들이 좀 더 죄를 삼가고 예전을 통해 정결해질수록 그들은 동료와 자기 자신에게 좀 더 선하고 의롭게 인식되었다. 하나님을 기쁘시게 하려는 욕망은 분명 예수님도 긍정하신 일이지만 거룩함을 추구하는 일이 자신의 동료, 친족들에게 영적 자만심을 과시하는 구실이 되거나 치명적인 인간성 결여로 이어지는 것을 경계하셨다. 이들은 하나님의 은혜와 자비에 도무지 걸맞지 않은 자신들의 처지를 깨닫는 대신 공동체 사람들과 경쟁해서 누가 가장 까다롭게 율법을 지키는지 시험했던 것이다. 결국 그들은 하나님을 볼 수 없었으며 그럴수록 감사를 잃어버리고 다른 사람을 비하하는 교만을 얻었다.

예수님의 가르침은 죄인에게 다가가신 하나님의 은혜와 자비를 강조한다. 예배자의 유일하고도 진실한 응답은 거룩하신 하나님이 스스로를 낮추어 우리를 하나님의 임재로 인도해 주신 데 감사하고 안심하는 것이다. 경건하다고 자처하는 바리새인보다 마리아가 하나님의 은혜를 더 많이 받은 이유는 자신이 얼마나 엄청난 빚을 졌는지 알고 있기 때문이다.

이 이야기에서 마지막 반격은 예수님이 이제 여인의 죄가 사해졌다고 선포하시는 부분이다. 지금까지는 죄 용서를 성전에서 자격을 갖춘 제사장이 올리는 값비싼 피의 희생 제사를 치름으로써 하나님께 '구매하는' 종교 시스템이었다면 예수님의 말씀은 전혀 다른 방식으로 죄 용서가 가능함을 뜻했다. 그분의 말은 신성모독으로 여겨졌는데 바리새인들은 하나님만이 궁극적으로 용서의 능력이 있다고 믿었기 때문이다. 마리아에게 죄 용서를 선포하시면서 예수님은 상상도 할 수 없는 뭔가를 행하셨다. 오직 하나님께만 속한 죄 사함의 권리가 자신에게 있다고 주장하신 것이다. "함께 앉아 있는 자들이 속으로 말하되 이가 누구이기에 죄도 사하는가 하더라."눅 7:49 이 질문에 예수님은 아무 답변을 하지 않으셨다.

마리아에게 예수님은 귀신 들린 자신을 고쳐 주신 분이다. 그분은 마리아에게 연민을 보여 주셨고 다른 사람들처럼 그녀를 거부하거나 경멸하지 않은 종교 지도자였다. 예수님은 그녀가 감사와 경배로 따를 수 있는 분이었다.

예수님의 발에 향유를 쏟아부은 것은 예언적인 행동으로 드러났는데 복음서에서 향유가 언급된 다음 사건도 그분의 죽음과 관계가 있다.

## 예수님을 왕으로 따른 사람들의
## 신앙 선언

예수님이 돌아가시고 나서 십자가에서 시신을 내리고 장례를 준비하기 위해 여인들이 왔다. 니고데모[2]가 몰약과 침향저자는 알로에로 쓰고 있다-옮긴이주 섞은 것을 75파운드쯤개역개정에는 "백 리트라"-옮긴이주 가지고 왔다고 기록되어 있다. "이에 예수의 시체를 가져다가 유대인의 장례 법대로 그 향품과 함께 세마포로 쌌더라."요 19:39-40

이 구절에서 놀라운 점은 예수님의 시신을 방부 처리하는 데 사용한 향료<sup>향품</sup>의 양이다. 상당히 과한 양이었다. 하지만 다시 한 번, 향료는 예배의 전말을 드러내고 니고데모가 예수님을 메시아적 왕이라고 확신하는 강력한 표현이 되었다. 유대인의 미드라쉬<sup>Midrash;</sup>서기 400-1200년까지 권위 있는 랍비들에 의해 기록된 유대교 율법과 구전법에 대한 주석서 모음-옮긴이주에 따르면 오직 왕족만이 이처럼 과도한 양의 향료와 향유로 매장될 특권이 있었다. 그것은 마치 암호로 처리된 메시지 같은 것이었다. 시체를 방부 처리하는 데 사용한 향료의 엄청난 양은 하나의 선언이었다. 예수님을 왕으로 따랐던 사람들의 신앙 선언이었던 것이다.

# 물

Water

목마른 인생길,
인격적인 만남

거기 또 야곱의 우물이 있더라 예수께서 길 가시다가 피곤하여
우물 곁에 그대로 앉으시니 때가 여섯 시쯤 되었더라
사마리아 여자 한 사람이 물을 길으러 왔으매 예수께서 물을 좀 달라 하시니
이는 제자들이 먹을 것을 사러 그 동네에 들어갔음이러라
사마리아 여자가 이르되 당신은 유대인으로서
어찌하여 사마리아 여자인 나에게 물을 달라 하나이까 하니
이는 유대인이 사마리아인과 상종하지 아니함이러라
예수께서 대답하여 이르시되 네가 만일 하나님의 선물과 또 네게 물 좀 달라 하는 이가
누구인 줄 알았더라면 네가 그에게 구하였을 것이요 그가 생수를 네게 주었으리라
여자가 이르되 주여 물 길을 그릇도 없고 이 우물은 깊은데
어디서 당신이 그 생수를 얻겠사옵나이까
우리 조상 야곱이 이 우물을 우리에게 주었고
또 여기서 자기와 자기 아들들과 짐승이 다 마셨는데 당신이 야곱보다 더 크니이까
예수께서 대답하여 이르시되 이 물을 마시는 자마다 다시 목마르려니와
내가 주는 물을 마시는 자는 영원히 목마르지 아니하리니
내가 주는 물은 그 속에서 영생하도록 솟아나는 샘물이 되리라.

요한복음 4장 6-14절

아부다비Abu Dhabi섬은 우물 이름을 따서 명명되었다. 전해 오는
이야기에 따르면 본토 사냥꾼들이 아랍어로 '다비'라고 부르는 가
젤영양류의 일종을 해안가까지 추적했는데 다음 날 아침 가젤이 얕은
물을 건너 섬으로 갔다는 것을 알게 되었다. 사냥꾼 일행은 섬으로
건너가 가젤이 향했던 물구멍을 발견했다. 이처럼 우물 개념에서

기원한 '아부다비'라는 이름은 영어로는 '가젤의 아비'라는 뜻이지만 가젤도 마실 수 있는 생명의 원천이 샘솟는 곳이라는 의미를 내포한다 할 수 있다.[1] 바레인의 지형학적 특징을 살펴보면 흥미롭게도 걸프 지역 아래로 지하의 담수 샘이 흘러 아부다비에 식수를 공급한다는 것이다. 에드먼드 오설리반Edmund O'Sullivan은 어떻게 이것이 가능한지 다음과 같이 설명한다.

> 바다의 상승과 하강이 바레인을 만들었다. 마지막 빙하기의 절정기 때만 해도 북미, 유럽, 북아시아 대부분은 두꺼운 빙하층 아래에 묻혀 있었고 걸프 지역은 주로 마른 땅이었다. …… 그곳은 샤트 알 아랍에서 바다로 흘러 호르무즈 해협을 횡단하여 굽이굽이 느릿하게 흘러가는 강줄기에 의해서 나누어진다. …… 하지만 대수층 안에 갇힌 물은 수면까지 눌려 있어 섬을 오아시스로 만들었다.[2]

바레인이라는 이름은 각각 해수와 담수 하나씩을 포함하여 '두 개의 바다'를 의미한다. 오만과 아랍에미리트연합을 방문한 사람들은 이 지역 사람들이 고산지에 있는 정원과 오아시스에 물을 주기 위해 땅 위로나 아래쪽으로 설치한 팔라즈falaj, 즉 인공 수로 기술을 보고 깜짝 놀란다. 한편 쿠웨이트의 유명한 파일라카Faylakah섬에는 유명한 수원水原이 있는데 이곳은 한때 고대 이교의 고향이었다.

그것은 생명수ma'alhaya(마알-하야)를 시음해 불멸을 얻은 유일한 영혼으로 알려진 녹색인Al-Khidr(알-키드르); 꾸란에 언급된 의로운 하나님의 종으로 바다의 수호자-옮긴이주의 삶에서 중심을 이룬다. 파일라카에 살았던 알-키드르는 깊은 물 우물에 가라앉음으로써 그곳을 푸르고 쾌적한 땅으로 바꾸었다. 전통에 따르면 키드르는 알렉산더와 예수님의 동반자가 되었다.[3]문화권에 따라 알-키드르는 세례 요한, 성 조지 등과 동격의 인물이다-옮긴이주

건조한 사막 기후에서 물은 필수다. 영국의 탐험가 윌프레드 티시거Wilfred Thesiger 경은 아라비아반도를 가로지르는 광대한 모래로 뒤덮인 룹알할리 사막Empty Quarter을 여행하면서 그의 베드윈 종족 동료가 우물물에 얼마나 주의 깊게 접근하는지를 묘사했다. 그는 우물을 사용하는 동안 그들의 물 공급을 방해할지 모르는 적들에 대한 경계를 늦추지 않았다.[4]

트리스탐H. B. Tristam은 자신의 책 *Easten Customs in Arab Lands*아랍의 동양 풍습를 이 개인적인 경험으로 시작한다. 그가 우물 옆에 앉아 있을 때 한 아랍 여성이 위쪽 언덕에서 내려와 물을 길었다. 여인은 자신의 염소 가죽 부대를 펼쳐서 열고 매듭을 푼 다음 자신이 가져온 작은 가죽 양동이에 그것을 붙였다. 그렇게 해서 자신의 가죽 부대가 서서히 채워지면 마개를 조이고 어깨에 메고 손에 양동이를 들고는 다시 산을 올라갔다. 그러고는 바로 아랍

남성이 가파른 좁은 길로 힘겹게 올라왔다. 여행길이 몹시 무더워 지친 남자는 우물 옆으로 몸을 돌려 무릎을 꿇고 안타까워하며 우물 속을 유심히 내려다보았다. 물을 끌어올릴 도구가 아무것도 없었고 우물은 너무 깊었다. 그는 좀 전에 여인이 흘린 약간의 물기를 핥아 보더니 실망한 채 지나갔다.[5]

물은 귀하고 소중한 자원이었다. 아랍 유목민들은 계절에 따라 물을 찾아 헤매며 돌아다녔다. 물 자체가 생명을 주는 영적 진리의 비유가 되었다는 것은 놀라운 일이 아니다. 그래서 불멸, 즉 영원한 생명의 원천으로 물을 바라보는 걸프 지역의 이야기는 매우 자연 스러운 것이다.

예수님과 사마리아 여인의 만남은 몇 가지 수준에서 깨달음을 준다. 첫째, 예수님은 여인은 물론 제자들에게도 문화와 시간과 공 간을 뛰어넘는 영적 교훈을 가르치시기 위해 지역 문화적 규범에 얽매이지 않으셨다. 둘째, 그분이 '타자', 즉 신앙과 인종이 다른 사 람을 어떻게 대하시는지 알 수 있다. 끝으로 그분의 대담한 주장이 담겨 있다. 진리와 그것이 의미하는 바에 대한 여인의 갈증을 만족 시킬 영적 진리를 줄 수 있는 존재가 바로 그녀 앞에 있다는 선언이 다. 이 모든 대화는 역사적 의미를 지닌 유명한 우물을 배경으로 이 루어졌다.

예수님 시대에 여성은 문화와 종교에 의해 역할을 규제당했다. 남녀 사이에는 구별이 필요했는데 그 이유 중 하나는 남성이 여성에 의해 더럽혀지는 걸 두려워했기 때문이다. 사람을 제의적으로 부정하게 만들어 예배할 수 없게 만드는 것 중 하나가 피와의 접촉이었다. 그래서 우연히 월경 중인 여성과 접촉하는 것은 그 남자 혹은 다른 여성을 부정하게 만드는 일이었다. 부정의 개념과 그것이 예배 준비에 미칠 영향력은 중동과 아라비아 걸프 사회 전역에서 발견되는 특징이다. 앤드류 리핀Andrew Rippin은 이런 여성 역할에 대한 전통적인 해석이 오늘날 이슬람에서 무엇을 의미하는지 연구했다.

실제로 여성은 이슬람 제의에서 제외되었다. 월경은 이슬람에서 제의적인 부정함을 암시하지는 않지만 이에 해당하는 여성이 제의를 수행하는 데는 장벽으로 작용한다. 그러므로 남성은 여성이 기도 현장에 있는 것을 두려워할 필요가 전혀 없다. 왜냐하면 여성은 제의적으로 정결할 때마다 올 수 있기 때문이다. 여성이 제의에 참석할 수 있는지 여부는 공개적으로 드러나는 것이다.[6]

아라비아반도의 일부 문화에서 여성은 그들의 성적 특징과 관련된 위협으로 여겨진다. 남성은 여성의 명예순결를 지키는 책임을 맡았고 결혼 첫날밤 처녀임을 증명하지 못하면 그 가족과 해당 여성은 엄청난 수치를 겪는 데다 법적 처벌까지 이어졌다. 또 다른 방안은 그 불쾌한 여성을 사회에서 철저하게 격리하는 것이었다. 극단적인 형태로는 그 여성을 문자 그대로 자기 집 안에 있는 독방에 강제로 묶어 두는 것이고, 온건한 형태라면 함께 생활은 하되 가족과 공동체 성원들이 외면하는 것이다. 후자의 경우 외롭고 처량하게 평생을 지내게 된다. 집 밖으로 나가는 것은 가족과 이웃들의 반감과 편견에 맞서 결투를 청하는 것이나 마찬가지였다. 그러니 차라리 혼자 있는 편이 나았다.

우물가의 사마리아 여인이 그런 경우였다. 원래 우물에서 물을 긷는 일은 여성들의 집단 활동이었다. 그들은 차가운 아침 공기 속에서 가장 먼저 물을 길었고 이 힘겨운 임무는 비슷한 사회 집단과 어울리면서 수월해졌다. 물론 이 집단은 원치 않는 관심에서 보호막을 제공해 준다는 점에서도 부가적인 이점이 있었다. 사마리아 여인이 정오의 열기 속에 혼자 우물에 온다는 사실은 여인이 그 공동체 구성원들로부터 어떤 대접을 받고 있는지 충분히 말해 준다. 여인은 수치의 표를 달고 있었다. 따라서 종교나 신앙을 가진 사람이라면 누구나 이 여인을 피하는 게 당연했다.

여인은 통제 불가능한 성적 특징이 들통난 위협적인 존재로 간주되었고 그 정도면 부정의 통로로 보였을 것이다. 어쩌면 여인이 아직 살아 있다는 사실 자체가 자비의 행위로 보일 수도 있다. 공동체는 법적으로 여인을 돌로 쳐 죽일 권리가 있었다. 여전히 중동의 가정에서 여성의 명예는 현재진행중인 관심사다. 소위 '명예 살인'을 다루는 중동의 언론 보도는 성적으로 일탈한 행동과 관련된 수치라는 강렬한 감각을 조명하는 데만 몰두한다.

물

이런 '잘못된' 만남을 가능한 피하기 위해서라도 여성의 대중 활동을 엄격히 규제했다. 따라서 여자가 자기와 아무 상관도 없는 남성과 단둘이 있는 경우는 매우 드물었다. 이것은 여성에게 끔찍한 결과를 가져올 수 있다는 의미로 해석될 여지가 있기 때문이다. 그래서 예수님의 제자들은 그분이 홀로 있는 여인과 대화하시는 것을 보고 그렇게 놀랐던 것이다.

하지만 그들이 놀란 것은 편견이라는 또 다른 이유 때문이기도 하다. 예수님은 홀로 있는 여인에게 말을 거신 정도가 아니라 그분의 개인적인 명성에도 제의적이고 영적인 부정함을 가져올 위험을 감수하셨다. 게다가 여인은 사마리아인이었다. 전통적으로 유대인들이 '이단자'로 경멸하며 비방하는 집단에 속해 있었다. 유대인이라면 사마리아인과 같이 있기만 해도 적과 내통하는 것과 같았다.


사마리아 사람들


유대인과 사마리아인이 어떤 계기로 분열하게 됐는지는 아무도 정확히 모른다. 예수님 시대 사마리아인들에 관해서는 알려진 바가 적은데 그들이 고대 세겜 마을 근처에 있는 그리심산에 성전을 갖고 있었다는 정도다. 구약 성경에서 세겜은 아브람이 하나님과 맺은 계약을 새롭게 하고 제단을 쌓은 곳으로 기념된다.<sup>창 12:6</sup> 또한 같은 장소에서 아브라함의 손자인 야곱은 장막을 치고 땅을 사고 이스라엘의 하나님께 제단을 올렸다. 33:18-19 요셉의 가족들은 그의 뼈를 세겜에 묻었다. 따라서 세겜은 높이 평가받는 예배의 중심지였고 이 지역 사람들은 자신들의 성전을 주님이 자기 백성을 만나 주신 장소로 기념했다. 여호수아는 히브리인들을 가나안 땅으로 인도해 들일 때 이곳 근방에서 그의 군대에게 하나님을 향한 맹세를 갱신하도록 했다.

> 그날에 여호수아가 세겜에서 백성과 더불어 언약을 맺고 그들을 위하여 율례와 법도를 제정하였더라 여호수아가 이 모든 말씀을 하나님의 율법책에 기록하고 큰 돌을 가져다가 거기 여호와의 성소 곁에 있는 상수리나무 아래에 세우고 모든 백성에게 이르되 보라 이 돌이 우리에게 증거가 되리니 이는 여호와께서 우리에게 하신 모든 말씀을 이 돌이 들었음이니라 그런즉 너희가 너희의 하나님을 부인하지 못하도록 이 돌이 증거가 되리라 하고.
> 여호수아 24장 25-27절

따라서 솔로몬이 예루살렘에 성전을 세우고 그곳을 모든 이스라엘의 예배의 중심지로 선언했을 때 사마리아의 중심인 세겜 사람들이 불만을 가진 것은 당연하다. 예루살렘을 예배 장소로 인정하지 않는 일이 사마리아인과 유대인 사이의 격렬한 분열로 이어졌는데 이는 오늘날에도 계속되고 있다.

하지만 예수님 시대에 사마리아인들은 유대인 신앙과 많은 공

물

통점을 갖고 있었다. 그들도 희생 제사 제도를 따랐고 구약 성경의 처음 다섯 권인 모세오경을 열성적으로 읽었으며 그와 관련된 종교법에 헌신했다. 본질적으로 사마리아인들은 유대인과 같은 역사 같은 신앙을 가지고 있었다. 언제나 그렇듯이 최악의 불화는 같은 가족 안에서 발생하는 법이다. 이 불화가 얼마나 지독한지는 백성들을 향해 충고한 유대인 랍비들의 다음과 같은 말이 잘 보여 준다. "사마리아인의 딸들은 태어나자마자 월경을 하며, 즉 영구적으로 오염됐으며 그렇기 때문에 그들이 만지는 모든 것이 부정하다."[7]

예수님 시대에 유대인들은 종종 사마리아 주변을 크게 돌아가는 길을 택함으로써 '오염된' 사마리아인들을 만나는 위험을 피하고자 했다. 하지만 예수님은 이와 반대로 사마리아 땅 한가운데로 가로질러 가셨고 누가 가장 선한 이웃인지 강조하는 비유에서 사마리아인을 이야기의 영웅으로 내세우셨다. 이 모든 것이 그분의 말씀을 듣고 있는 유대인 청중들에게 매우 도발적이었다.

이처럼 예수님은 자기 지역 문화의 여러 가지 규칙을 위반하셨다. 우선 단독으로 여인과 이야기를 나누셨다. 그보다 더 나쁜 것은 그분이 대화를 나눈 여인의 의심스러운 평판이었다. 예수님은 분명 여인의 평판을 알고 계셨고 여인에게도 많은 남자들과 관계를 가진 역사를 알고 있음을 드러내셨다. 게다가 그분은 이단적이고 부정한 공동체의 일원에게 말씀하셨다.

그분이 하신 일이 얼마나 급진적이었을까? 그분은 여인과 대화를 시작하셨다. 먼저 물을 한 잔 달라고 요청하셨다. 여인을 개인으로 인정하시고 영적 진리의 선포로 이어지는 대화를 나누셨다. 찬성도 반대도 편견도 없었다.

그래서 그분은 무슨 얘기를 하셨을까? 만남의 장소가 우물가인 만큼 당연히 그분은 물 이야기를 하셨다. 한 남자가 물을 달라고 청하고 그가 유대인이라는 걸 알게 된 여인이 충격을 받자 예수님은 여인에게 자신이 누구인지 호기심을 불러일으키는 것으로 반응하셨다. "네가 만일 네게 물 좀 달라 하는 이가 누구인 줄 알았더라면 네가 그에게 생수를 구하였을 것이다."요 4:10

'생수'라는 표현은 흐르는 물을 가리키는 관용어였다. 신선하게 흐르는 물은 우물에 고여 있는 소금기 있는 물보다 훨씬 상쾌하다. 여인은 즉시 덤벼들어 우물과 이 우물을 발견했다고 알려진 자기 조상을 방어한다. 야곱은 그보다 훨씬 더 잘 알려진 요셉, 즉 채색 옷을 입었던 바로 그 사람의 유명한 아버지로서 사마리아인들에게 그들의 위대한 족장이자 지도자로 존경받았으며 야곱의 유산 가운데서도 소중히 여겨진 게 바로 그 우물이었다. 예수님이 던진 도발에 여인이 보인 날카로운 반응은 결국 이런 뜻이었다. "당신이 이 위대한 족장보다 더 나은 물의 원천을 발견할 수 있다는 말인가요?"

예수님은 계속해서 여인의 갈증이 이 생수로 채워지고 다시 목마를 필요가 없을 거라고 강조하시면서 여인의 호기심을 자극하신다. 다시, 여인은 예수님의 말씀을 문자적으로 해석하고 이 생수의 원천을 밝혀 달라고 요청한다.

마침내 예수님은 공동체 내에서의 여인의 처지를 알고 있다고 밝히심으로써 여인을 놀라게 하신다. 여인은 실패한 인간관계의 낙인 때문에 거부당하고 있었던 것이다. 자신과 이야기를 나누는 낯선 이가 예언의 은사를 갖고 있다는 뒤늦은 인식이 여인의 마음과 정서를 휘저어 더 근본적인 사안으로 향하게 한다. 대화는 이제 영적 진리로 돌아선다. 여인은 사마리아인의 기본 입장대로 예배를 위한 최적의 장소는 자신의 성전이 있는 산이 확실하다고 주장한다.

이 시점에서 예수님은 하나님과 예배의 본질에 관해 가르치신다.

이 산에서도 말고 예루살렘에서도 말고 너희가 아버지께 예배할
때가 이르리라 너희는 알지 못하는 것을 예배하고 우리는 아는
것을 예배하노니 이는 구원이 유대인에게서 남이라 아버지께
참되게 예배하는 자들은 영과 진리로 예배할 때가 오나니
곧 이때라 아버지께서는 자기에게 이렇게 예배하는 자들을
찾으시느니라 하나님은 영이시니 예배하는 자가 영과 진리로
예배할지니라.

요한복음 4장 21-24절

예수님은 결정적인 진리를 말씀하신다. 사람은 하나님이 특정 장소와 환경에서만 거하신다고 상상하는 경향이 있다. 즉 유대인들은 하나님을 진정으로 만나는 유일한 길은 예루살렘에 있는 '거

룩한' 성전에서만 가능하다고 확신했다. 사마리아인들도 이 확신을 모방했는데 하나님을 자신들 산에서만 만날 수 있다고 주장한 것만 달랐다. 예수님은 중요한 것은 장소가 아니라 다름 아닌 예배자의 태도라고 말씀하신다. 하나님과의 만남의 역사를 갖고 있어서 특별하게 여기는 몇몇 장소들이 있기는 하지만 실제로 우리는 어디에서나 하나님을 예배할 수 있다.

중동에서 먼 길을 떠나 운전하다 보면 이 가르침이 갑자기 떠오른다. 도로를 달리다 보면 길 옆에 차를 주차해 두고 차에서 조금 떨어져 양탄자 위에 엎드려 기도하는 무슬림과 자주 마주친다. 인적이 드문 곳에서 말이다. 이들 무슬림은 장엄한 사원에 매이지 않는다. 그들은 광야에서 신실하게 기도하며 자신도 알지 못하는 사이에 예수님의 가르침을 실천한다. 우리의 마음이 성령의 임재를 통해 기도로 향하고 하나님을 예배할 수 있다면 우리는 어디에서나 하나님을 만날 수 있다.

우물가 여인과의 만남은 여인이 예수님을 그리스도로 인정하고 자기 마을로 돌아가 공동체 사람들에게 직접 예수님을 만나 보라고 도전하는 것으로 마무리된다. 마을 사람들은 호기심과 흥분 속에서 스스로 예수님을 만나러 나아온다. 이 이야기에서 주목할 만한 또 하나는 이것이 최초의 기독교 선교사이자 복음 전도자를 기록하고 있으며 역사상 최초의 이 고귀한 역할이 여성에게 돌아갔다는 사실이다.

예수님의 대화에 나타난 구조를 들여다보면 시인의 기법과 수

사학적 스타일이 다시 부상한다. 윌리엄 바클레이는 다음과 같은 점을 강조한다.

> 예수님의 수사법을 살펴보면 우선 상대방이 잘못 이해할 소지가 있는 내용의 말씀을 하신다. 그리고 나서 예수님은 더욱더 현장감 있는 언어들로 같은 내용을 재구성하신다. 하지만 상대방은 여전히 의문을 품게 된다. 그리고 나서 예수님은 상대방이 스스로 진리를 발견하도록 하신다. 이것이 그분이 가르치시는 일반적인 방식이었다.[8] 또한 가장 효과적인 방법이기도 했다. 이는 '사람이 납득할 수 없는 진리가 있을 수 있지만 스스로 그것을 발견해야만 한다'라고 누군가 말한 것과 같다.[9]

사막 환경에서 물은 특히 귀하다. 더욱이 끊임없이 솟아 흐르는 생수는 훨씬 더 소중하고 탐낼 만하다. 우물가 여인에게 전한 예수님의 가르침이 시사하는 바는 여인이 자신이 처한 수치와 궁핍함 속에서도 그 문화에서 정한 전통을 따르는 데 의존하는 대신 자신의 조상 야곱이 그랬던 것처럼 언제 어디서나 하나님을 영접함으로써 자유롭게 될 수 있다는 것이다. 예수님은 더욱 신랄하게 스스로를 생수의 근원으로 제시하시며 예수님을 통하는 것만이 영과 진리로 하나님을 예배하는 방법이라고 하신다. 언제 어디서나 하늘과 땅의 창조주이신 하나님과 실제로 만나는 것은 예수님 안에서만 가능하다는 것이 예수님 말씀의 의도로 보인다.

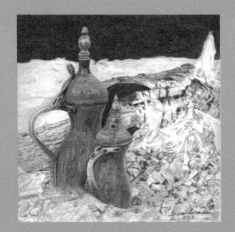

영원히 남는
선택

환

대

Hospitality

그들이 길 갈 때에 예수께서 한 마을에 들어가시매
마르다라 이름하는 한 여자가 자기 집으로 영접하더라
그에게 마리아라 하는 동생이 있어 주의 발치에 앉아 그의 말씀을 듣더니
마르다는 준비하는 일이 많아 마음이 분주한지라
예수께 나아가 이르되 주여 내 동생이 나 혼자 일하게 두는 것을
생각하지 아니하시나이까 그를 명하사 나를 도와주라 하소서
주께서 대답하여 이르시되 마르다야 마르다야 네가 많은 일로 염려하고 근심하나
몇 가지만 하든지 혹은 한 가지만이라도 족하니라
마리아는 이 좋은 편을 택하였으니 빼앗기지 아니하리라 하시니라.

누가복음 10장 38-42절

 

이 글을 쓰고 있을 때는 마침 라마단 기간이었다. 무슬림 여성들은 날마다 금식이 풀리는 해가 진 후의 저녁 시간을 위해 가족과 친구들에게 먹일 음식을 장만하느라 부엌에서 열심히 일한다. 맛좋은 음식을 풍성히 제공하는 것이야말로 자존심이 걸린 일이다. 지난 두 주 동안 라마단 식탁에 참석했는데 매번 식탁에는 진수성찬

이 차려졌다. 서구인의 관점에서는 다소 낭비처럼 보이긴 하지만 아랍인들은 손님들이 더 이상 바랄 것이 없음을 확인하고 싶은 열망이 있다.

사실상 이것은 종교적 의무라기보다는 그들의 환대에 반영된 가족의 명예와 자부심이다. 지나 크로세티 베네쉬Gina Crocetti Benesh는 아랍에미리트연합의 문화를 다룬 자신의 책에서 아라비아반도에서 환대를 왜 그렇게 중요하게 여기는지 이유를 설명한다.

> 환대는 사막에서 가장 중요한 법칙일 수 있다. 이것이 없으면
> 동료들에게서 낙오해 사막을 여행하는 사람들은 죽을 수도 있다.
> 가난한 사람들조차 3일 동안은 의무적으로 낯선 이와 손님을
> 먹여 주고 재워 주게 되어 있다. 손님은 며칠 후에 자기 이름이나
> 직업도 언급하지 않고 떠날 수 있는데 주인이 그것을 묻는 것은
> 무례이기 때문이다.[1]

이것은 중동에서 매우 오랜 세월 이어져 온 상황처럼 보인다. 이 책 시작 부분에서 언급한 아브라함이 세 사람을 맞이한 이야기를 기억하는가?창 18:1-8 그의 아내 사라는 손님들이 풍성한 식사를 할 수 있도록 전력을 다해 일하는데 이는 손님들과 아브라함을 명예롭게 하는 일이다.

마찬가지로 예수님이 마르다의 집에 오셨을 때 마르다는 손님에게 최고의 대접을 해야 하는 중동 문화와 전통을 그대로 따를 수

밖에 없다는 점을 이해할 필요가 있다. 이걸 읽고 나서 마르다에게 도대체 뭐가 문제였을지 추리해 본 기억이 난다. "마르다, 예수님께는 차 한 잔만 드리면 돼. 그리고 마리아 옆에 같이 앉아 예수님의 이야기를 들으렴!" 이 이야기를 영국식으로 해석하면 이렇게 된다.

하지만 나는 두 가지를 간과했다. 먼저 마르다에게 손님 접대는 차 한 잔을 제공하는 것이 아니라 제대로 차린 식사를 의미하는데 이것은 대형마켓이나 걸프 지역의 유명한 '룰루' 수퍼마켓이 없는 곳에서 심각하게 시간이 많이 걸리는 음식을 준비해야 한다는 것을 의미한다. 다음으로 예수님은 혼자가 아니셨다. 예수님은 전국 방방곡곡을 적어도 70여 명과 함께 돌아다니고 계셨다. 이 모든 사람이 당신 집에 나타난다면 세계 최고 수준의 요리사도 힘겨울 것이다. 마르다가 스트레스를 받고 아무것도 돕지 않는 마리아에게 화를 낸 것은 당연하다.

놀라운 것은 마리아가 전혀 돕지 않았다는 사실이다. 손님 접대를 잘못하면 여기 관련된 가족의 명예가 어떻게 될지 마리아도 분명 알고 있었을 것이다. 그런데 마리아는 마르다와 다른 가족들이 보내는 아주 미약한 신호를 예수님 말씀을 듣느라 계속해서 무시하고 있었다.

중동 사람들에게 이 사안과 관련된 문제에 대한 해석에는 다른 여지가 없다. 마르다는 옳고 마리아는 틀렸다. 종교와 문화 전통에 따르면 마리아의 의무는 가족 구성원이 존경하는 손님에게 환대를 제대로 베풀도록 하는 것이다. 중동 여성이라면 머리를 흔들며 마리아의 부끄러움과 게으름을 꾸짖을 것이고 중동 남성이라면 마리아가 가족의 명예를 존중하지 않은 데 충격을 받을 것이다.

마르다가 예수님께 마리아의 부족함을 지적해 달라고 요구했을 때 예수님의 반응은 다른 모든 사람이 생각하는 것과 완전히 반대되는 것이었다. 결국 꾸중을 들은 것은 마르다였다. 예수님은 환대 문화를 제쳐 두고 시대를 초월해 공감할 만한 교훈을 가르치셨다.

마르다는 양심적이고 부지런한 일꾼이었다. 마르다의 행동력과 성실함은 그녀를 아는 모든 사람에게서 인정을 얻고도 남았을 것이다. 하지만 예수님은 분주한 것만이 미덕이라는 전통적 견해에 도전하셨다. 그분은 마르다가 실제로 많은 일들로 바쁘고 정신이 산만했고 그래서 스트레스를 많이 받았다고 지적하셨다. 그분이 지적하신 것은 스트레스가 인생에서 정말로 중요한 것들을 빼앗아 간다는 것이다. 그때 그분은 모든 사람이 공히 비난한 바로 그 이유에서 마리아를 칭찬하셨다. 마리아는 시간을 내어 예수님의 말씀을 들었다. 그 순간에 예수님의 말씀을 경청하는 것이 손님을 접대하는 것보다 더 중요한 임무였다.

왜 예수님은 마리아가 자기 의무를 방기하도록 허용하셨을까? 예수님은 예루살렘으로 가시는 도중이었고 그곳에서 자신이 형벌과 죽음에 직면할 것을 아셨기 때문은 아닐까? 자신의 시간이 얼마 남지 않았음을 아셨기에 자신의 말을 듣는 편을 택한 사람들과 함께 머무는 시간을 소중히 여기셨다. 어쩌면 마리아는 좀 더 직관적으로 이를 알아챘을 가능성이 있고 그로 인해 다른 긴급한 필요들을 무시하고 잠깐 예수님의 발 앞에 앉는 데 집중할 수 있었던 것이다. 이유가 무엇이든 마리아의 선택은 영원할 것이라고 예수님은 말씀하셨다. 그녀는 더 나은 것을 택해 시간을 냈고 예수님의 말씀을 들었다.

이 모든 것은 그때나 지금이나 거룩한 의무로 여겨지는 환대의 의무와는 사뭇 다르다. 예수님이 마르다에게 보이신 반응은 걸프 지역에 거주하는 아랍인들과 외국인들의 마음을 불편하게 할 수 있다. 그것이 우리가 지금 중요하게 여기고 우선하는 일들이 영원의 관점에서 타당한지 다시 생각하게 만들기 때문이다.

오늘날 아라비아는 성공적인 직업과 부를 추구하느라 엄청난 양의 에너지를 소비한다. 떠들썩한 일터와 시장 한복판에서도 중동 사람들은 환대, 즉 가족과 손님에게 헌신하라는 전통 문화를 지키며 산다. 그런 요구들이 주는 압박에서 어떻게 벗어날 수 있을까? 차분히 앉아 분석하고 점검해 보면 이런 요구들은 대개 사소하고 일시적이라는 것이 드러난다. 예수님은 마르다나 '신속함'의 문화에 경도된 사람들에게 이를 멈추고 예수님 곁에 머물며 우리의 성격과 영원한 운명을 만들어 갈 가르침을 받아들일 시간을 내라고 도전하신다.

아라비아 걸프에서는 라마단 성월이 되면 사회 전체가 삶의 속도를 늦추며 오직 기도와 금식만을 허락하기 위해 주간 활동을 점차 중단한다. 그 과정을 지켜보노라면 놀라울 뿐이다. 물론 라마단의 종교적 측면을 무시하는 사람들에게는 예수님의 가르침에 귀

기울일 기회 또한 사라지기 마련이다. 특히 거의 매일 손님들을 대접해야 하는 아랍 여성들은 지칠 수밖에 없다. 마르다와 마리아의 이야기는 오늘날 걸프 아랍인 여성들에게 계속해서 마음속 울림을 일으킬 수 있지 않을까?

IRAQ

KUWAIT

BAHRAIN

QATAR

UNITED
ARAB
EMIRATE

SAUDI ARABIA

OMAN

YEMEN

Jesus
of
Arabia

# PART 4

# 아랍의 언어 세계와
# 예수의 복음

# 중동의 정체성인
## 아랍어,
## 그리고 시와 서사의 세계

마크 앨런이 정의한 아랍 정신의 필수 구성 요소 마지막은 '언어'의 결정적인 역할이다. 모든 문화는 주로 언어로 통일되기 때문에 여기에 예외적이거나 유별난 점은 없지만 걸프 아랍인들은 이 언어의 역할을 새로운 단계로 끌어올렸다. 아랍어를 알라의 말씀을 실어 나르는 도구로 생각하기 때문이다. 그것은 언젠가는 결국 죽어 없어질 인간의 언어가 아니라 신神의 언어다. 꾸란의 신적인 계시는 걸프 아랍인의 일상적인 대화를 맛깔나게 만드는 성구집으로 완성됐고 시를 만들고 암송하는 능력이 걸프 지역에서 배움의 척도로 여겨지게 만들었다.

중동 사람들은 오랜 구전 전승을 가지고 있고 예수님도 마찬가지였다. 시와 서사가 가진 힘을 아시는 예수님이 셈족 사람들에게 익숙한 수사학적 기술을 발휘해 큰 효과를 거두셨던 것은 놀랄 일도 아니다. 4부에서는 예수님의 가르침이 자신의 메시지를 '흡인력 있게'¹ 만들 수 있는 시적인 구조를 채택해 얼마나 고도로 숙련된 방식으로 제시되었는지 눈여겨볼 것이다.

걸프 아랍인들 역시 시와 서사를 소중히 여긴다. 시인이 직접 자신의 최신 작품을 암송하는 모임에 여러 차례 참석한 적이 있었다. 그들이 시를 감상하는 태도는 서구 사회 어디에서도 찾아볼 수 없는 모습이었다. 아랍인들은 시문학의 추상적 구조를 이해하면서도 주로 청각적인 심미안으로 시어를 즐겼다. 그들은 일상의 삶에서 늘 시문학과 함께 살아가는 것이다.

아랍어는 오래되고 유명한 구전 전승을 갖고 있으며 아랍어를 말하는 공동체에서 가장 존경받는 사람은 시인이다. 예수님이 직접 사용하신 언어는 아람어인데 아랍어와 자매어이기 때문에 아랍어를 쓰는 사람들은 이해하기 쉽다. 당연히 아람어 문화의 풍성한 구전 전승에 사용된 시적 장치들이 아랍어에도 풍부하게 반영되어 있다.

중동 사회와 걸프 지역의 독특한 특징이 이런 구전 전승이다.

이 때문에 시인들은 깊은 존경을 받고 이야기꾼들을 전통의 보호자로 여겨 높이 평가한다. 시는 교훈과 역사를 전달하는 강력한 도구로 간주된다. 꾸란의 몇몇 장들은 아랍어 시 양식으로 기록되어 있는데 덕분에 더 쉽게 암송할 수 있고 변경 없이 그대로 전달되리라 확신할 수 있다.

아랍어 전통에서 노래와 시는 더욱 실용적인 목적을 구현하기도 한다. 진주 캐는 잠수부의 노래를 예로 들면 길이와 운율이 진주 잠수부가 물속에서 숨을 참을 수 있는 평균 시간 단위에 들어 맞는다. 사막에서 경도와 위도의 항법은 수평선과 별들의 거리를 측정함으로써 계산할 수 있는데 '보폭'을 가늠하게 하는 노래들의 전통적인 음보율로 여행자들이 거리를 예측할 수 있게 해 준다.

닐 로빈슨<sup>Neal Robinson</sup>은 아랍어 시문학의 천재로서 특히 꾸란의 해설로 높은 평가를 받고 있는데 아랍어를 영어로 번역할 때 너무 많은 부분을 놓치게 된다고 설명한다. 예를 들어 그는 무함마드 선지자가 알라에게 명령을 받는 구절들을 이렇게 번역한다.

읽으라. 당신을 창조하신 주님의 이름으로.
그분은 말라 비틀어진 피로 사람을 창조하셨다네.
읽으라. 당신의 주님은 가장 관대하시도다.
펜으로 가르친 그분은
알지 못하는 것을 사람에게 가르쳤구나.
꾸란 96장 1-5절

이 구절들은 연대순으로 말하면 꾸란의 첫 부분에 등장하는 단어들이기도 하다. 꾸란의 제1장인 알 파티하의 첫 구절이 '~이름으로'라는 뜻의 'bism'(비쓰미)이다.—옮긴이주 영어 번역에서는 많이 놓치게 되지만 아랍어 음역으로 보면 꾸란 시문학의 강력한 힘이 부상하는 것을 볼 수 있다.

Iqra' bismi rabbi-ka 'l-ladhi khalaq 이끄라 비쓰미 랍비칼라디 칼라까

Khalaqa 'l-insana min 'alaq 칼라깔 인싸나 민 알라긴

Iqra' wa-rabbu-ka 'l-akram 이끄라 와 랍부칼 아크라무

Al-ladhi 'allama bi-'l-qalam 알라디 알라마 빌 깔라미

'allama 'l-insana ma lam ya'lam 알라말 인싸나 마 람 야을람

이어서 로빈슨은 이 구절ayat(아야트)들의 특징을 지적한다. 첫째, 원문에서는 운율이 도드라지는 것이 분명하다. 사실 꾸란 전체가 운율이 살아 있는 산문이거나 유운assonance; 모음 반복법을 사용한다. 운율과 유운은 쑤라를 아야트로 나누는 기본이 된다. 둘째, 위의 다섯 개 아야는 길이는 다르지만 운율이 드러난다. 이를 이해하는 가장 손쉬운 방법은 구절마다 진동oscillations 횟수를 세는 것인데 그렇게 보면 구조가 선명해진다.

12.i.u

10.i.u

8.i.u

10. i. u

12. i. u

　　즉 첫째 아야가 다섯 째와 대구를 이루고 두 번째와 네 번째 '아야가 대구를 이루면서 운율의 대칭을 이룬다.[2] 간단히 말해서 꾸란은 개인이 조용히 읽기 위한 사적인 문학으로 기록된 것이 아니라 공동체 예배에서 부르고 경건의 행위로 회중에게 들려주기 위해 기록되었다. 아랍계 기독교 목사인 미트리 라헵Mitri Raheb은 유대교와 기독교에서 성경이 하는 것과 비슷한 역할을 다음과 같이 설명한다.

> 꾸란이라는 단어는 큰 소리로 외치는 말들이나 노래로 불리는
> 메시지 등 뭔가를 낭송하는 것을 의미한다. 셈어족의 맥락에서
> 보자면 꾸란이라는 개념은 아람어 선례에서 유래한 것으로
> 보인다. 아람어로 '께르야나qeryana'로 시리아 교회의 예배 중에
> 노래로 불리는 성경 구절을 가리킨다. 히브리어로는 유대인
> 랍비 문학에서 나타나는 '미끄라miqra'가 평행 개념이다. 미끄라는
> 탈무드에서는 유대교 성경 전체를 가리키면서, 강연에서
> 요구하는 목소리의 격식과 유대교 예배 의식에서 성경 봉독이
> 차지하는 중심 역할 모두를 강조한다. 이것은 예배에서 성경이
> 어떤 기능을 하는지를 보여 주는 또 하나의 방법으로써 서구의
> 현대적인 관습, 특히 개신교와는 크게 다르다는 것을 알 수 있다.

각 개인이 조용히 성경을 낭독하는 방식은 최근의 추세임을 한
연구 조사에서 밝힌 바가 있다. 성경이 서구 예배에서 침묵의
대상이 되었다는 확실한 증거가 있다. 선지자 무함마드가
친숙하게 느꼈을 유대인과 기독교 예전에서는 공동체의 책인
성경을 예배 도중에 노래로 불렀다.[3]

이와 같은 방식을 염두에 둔다면 아랍어로 된 문학 구조가 한 세대에서 다음 세대로 대단히 정확히 구전될 수 있음을 보여 준다. 예수님은 같은 구조를 사용해 자신의 이야기를 보다 '흡인력 있게' 만드셨고 이렇게 해서 대부분 학교 교육을 받지 않은, 아람어를 사용하는 시골 마을 청중들은 그분의 가르침에서 정확한 표현을 기억하고 전달할 수 있었다. 이 책 전반에 걸쳐 시인으로서의 천부적인 재능을 가지고 계셨던 예수님을 소개할 것이다.

아랍에미리트연합과 쿠웨이트에서 시나 꾸란을 아랍어로 낭송하는 모임에 여러 번 참석한 적이 있는데 그 시어들의 의미를 전부는 이해하지 못했지만 그것들이 청중의 감정에 미치는 파급력만큼은 이해할 수 있었다. 공감이나 충격으로 눈물을 흘리거나 조심스레 한숨을 내쉬든 이처럼 강렬하고도 감정을 자극하는 상황에서 진행되는 아랍의 수사법이 가진 힘은 감동을 주기에 충분하다.

나는 부유하고 막강한 권력을 가진 지도자들이 그들 앞에 서 있는 연사들의 말에 눈물 흘리는 것도 보았다. 시끌벅적하던 마즐리스가 한 연로한 어르신의 시 낭송으로 일순 고요해지는 순간도 목

격했다. 서구인으로서 내가 아랍어가 가진 영향력을 전부 이해하기는 어렵다. 또한 영어권 국가에서 수백 명의 사람들이 몰려들어 시문학으로 밤을 지새우는 경우는 드물다. 크리스틴 말루히Christine Mallouhi는 한 아랍 시인의 낭송을 들었던 경험을 이렇게 기록했다.

> 작가는 위대한 신비주의 철학자 이븐 아라비Ibn Arabi의 유명한 시를 낭송하면서 그에게 빨려 든 청중이 전혀 예상치 못한 논평들을 영리하게 던지고 있었다. 매번 사랑하는 구절이나 경구가 나오면 청중이 길게 소리 내어 쉬는 한숨인 그 유명한 아랍어 '아아아아!aaaah'를 할 시간을 주었다. 이 '아아아아!'야말로 어떤 단어로 한정 지을 수 없는 마음 중심에서 솟아나는 깊고 아름다운 감정을 표출하는 음절이다. 그것은 감동의 탄성이다. 이 아름다운 시문학에 넋을 잃고 있던 다양한 연령대의 수백 명의 남자들과 그 가족들을 언제까지나 기억할 것이다.[4]

예수님이 청중을 끌어당길 수 있었던 것도 그분의 놀라운 언변과 말솜씨 덕분이 아니었을까? 그것이 질병의 치유와 함께 그분을 '명사'로 만들었고 예수님은 지역 주민들 사이에 화제가 된 것이 아니었을까.

아랍계 기독교인들은 이슬람 이전 시대부터 예수님의 가르침을 아랍어 시문학으로 재생해 왔다. 영국의 저명한 이슬람 종교·언어학자로서 예루살렘과 이란 교구장이었던 케네스 크래그Kenneth Cragg

주교는 시로 널리 알려진 저명한 시인들의 명단을 다음과 같이 작성했다.

> 이슬람 이전 시대에는 알-가싼 왕국the Ghassanids; 예멘에서 태동했지만 4세기 이후 레반트로 이주해 기독교로 개종했다-옮긴이주과 알-라큼 왕국the Lakhmids; 4-7세기 아랍 왕국으로 로마-페르시아 전쟁에 참가했다-옮긴이주 궁정에 있던 시인들이다. …… 그들의 시는 기독교 변주 속에서 삶과 죽음과 용기를 반추한다. 가장 위대한 기독교 시인 중 하나는 타이이Tayy 부족에 속한 안-납하니Al-Nabhani인데, 이들은 나즈드Najd 북쪽에 거주하면서 좀 더 북쪽에 있는 알-가싼 왕국과 접촉해 왔던 것으로 보인다. 이들의 영토는 메카로 향하는 순례로의 동쪽에 있었다. [5]

이슬람의 선지자 무함마드가 아직 상인이던 시절에 아랍계 기독교 부족 일부를 만났고 그때 이 시문학을 접했을 가능성이 상당히 크다. 그 후로 이슬람 제국이 급속히 확장하는 과정에서 알-가싼이나 알-라큼 같은 기독교 부족들은 승승장구하던 무슬림 군대와 함께 아라비아 땅에서 비잔틴과 페르시아바사의 지배를 종식시키는 것을 도왔다. 이 과정에서 그들은 시와 이야기들을 주고받았고 이념과 신념을 교환하는 데 필요한 비옥한 토양을 마련할 수 있었다. 이 모든 것을 가능하게 한 결정적인 요인은 바로 언어 자체에 리듬과 운율을 가지고 있던 아랍어의 특성 때문이었다. 예수님이 성장하던 당시에도 이런 구전, 혹은 구술이 유행했다.


## 시인 예수

우리 예수님이 이야기와 비유를 말씀하실 때 명확한 구조와 문체를 적용하신 베테랑 시인이라는 점을 자주 간과한다. 케네스 베일리는 선한 목자에 대한 예수님의 가르침을 분석하면서 예수님이 어떻게 시와 서사의 장치들을 사용하셔서 그 가르침이 구전으로 유지될 수 있게 하셨는지 보여 준다.

| | | |
|---|---|---|
| 1a | 나는 선한 목자라 | 선한 목자 |
| 1b | 선한 목자는 | |
| | 양들을 위하여 목숨을 버리거니와 | |
| 2 | 삯꾼은 | 삯꾼 |
| | 목자가 아니요 | |
| | 양도 제 양이 아니라 | |
| 3 | 이리가 오는 것을 보면 | 이리 - 오다 |
| 4 | 양을 버리고 달아나나니 | 삯꾼 - 달아나다 |
| 5 | 이리가 양을 물어가고 또 헤치느니라 | 이리 - 물어 가다 |
| 6 | 달아나는 것은 그가 삯꾼인 까닭에 | 삯꾼 |
| | 양을 돌보지 아니함이나 | |

| 7a | 나는 선한 목자라 | 선한 목자 |
| --- | --- | --- |

나는 내 양을 알고

양도 나를 아는 것이

아버지께서 나를 아시고

내가 아버지를 아는 것 같으니

7b   나는 목숨을 버리노라

양을 위하여.[6]


베일리는 이 구조에서 일곱 가지 '흐름' 혹은 단계들을 사용했는데, 유대 사상에서 7이라는 숫자는 매우 중요한 숫자이다. 여기에서 선한 목자의 테마로 시작해서 같은 테마로 마치는 '샌드위치' 구조를 이 가르침에서 취했다고 명시한다. 이 시문학의 구조는 청자와 독자 모두에게 목자의 개념이 이 시의 추진력 혹은 초점이라는 인상을 준다. 그리고 나서 바로 예수님이 자신을 '선한 목자'라고 말씀하신 부분에 이목을 집중시킨다. 일곱 겹의 샌드위치 비유의 성분은 다음과 같다.


1. 선한 목자

2. 삯꾼

3. 이리

4. 삯꾼

5. 이리

6. 삯꾼

7. 선한 목자

무엇이 이 비유의 메시지일까? 목자의 목회적 이미지는 기독교 인들이 간직한 예수님의 가장 온화하고 위안이 되는 모습 가운데 하나다. 그것은 아무 해도 입히지 않고 거슬릴 것도 없어 보이는 모 습인 것이다. 그래서 목자의 역할이 이와 정반대라는 것을 알게 된 다면 크게 놀랄 것이다.

다음 장에서 예수님의 처음 청중이 그분의 메시지에 어떻게 반 응했는지 알아보고 자신을 선한 목자라고 하는 그분의 주장에 어 떤 신학적 맥락과 역사적 배경이 있는지 검토해 보고자 한다.

깊은 신뢰에서 나오는
순종

# 목자

Shepherd

예수님이 자신을 선한 목자로 언급하신 것은 당시의 역사적, 종교적, 문화적 환경에서는 매우 도발적인 표현이었을 것이다. 왕과 종교 지도자들을 묘사할 때 종종 목자라는 표현을 했는데 성경에서는 하나님과 그분의 백성의 관계를 묘사할 때 사용한다. 이것은 창세기부터 시편과 주요 예언서들에 공통적으로 나오는 일관된 테마다.[1]

"여호와는 나의 목자시니"로 시작하는 시편 23편은 가장 널리 알려진 시편이다. 이 시편은 자기 백성을 인도하시고 위험에서 지키시는 하나님을 묘사한다. 그리고 구약 성경은 메시아의 본질에 관해 여러 가지 추정이나 예언적인 진술들을 담고 있다. 메시아는 다윗왕의 후손으로 새 시대에 하나님의 임재를 속히 가져오고 이 땅의 사람들에게 희망을 불어넣기 위해 하나님께서 보내신 존재다. 이들 예언에서는 메시아도 목자로 언급한다. 에스겔은 "내 종 다윗이 그들의 왕이 되리니 그들 모두에게 한 목자가 있을 것이라"겔 37:24라고 예언했다.

예수님은 이 표현을 자신에게 적용하신 것이다. 하지만 당대 청중들에게 이것은 터무니없는 말이었다. 거룩하고 신성하게 여겨지는 용어가 목수의 아들로 익히 알려진 사람을 설명하는 데 엉뚱하게 동원된 것이다. 이런 비난에는 동의할 수 없지만 예수님의 가르침에 담긴 의미는 매우 명확하다. 예수님은 자신이 잃어버린 양을 집으로 데려오기 위해 보냄받은 신적인 존재라고 담대하게 선포하신 것이다. 즉 선한 목자라는 직분은 그분의 역할뿐 아니라 그분의 정체성을 강조한다. 예수님은 "하나님 한 분 외에는 선한 이가 없다"막 10:18라고 말씀하신 바 있다.

예수님은 고도로 세련된 방법을 사용하셔서 선포의 시작 부분에서는 자신이 '선한 목자'임을 강조하셨고 마지막 부분에서는 처음 문장을 다시 보강하셨다. 그것은 놀랍도록 대범했다.

케네스 베일리는 예수님의 가르침을 뒷받침하는 언어적 구조를 분석했다. 그는 예수님이 끊임없이 시적이고 수사학적인 장치들을 사용하심으로써 청중들이 그분의 메시지를 쉽게 기억하고 회상할 수 있게 하셨음을 밝혀냈다.[2] 선한 목자 비유는 예수님이 시를 사용해 의미를 전달하신 매우 유효한 본보기이다.

## 양 떼와 목자의 친밀함

그가 자기 양의 이름을 각각 불러 인도하여 내느니라 …… 나는
선한 목자라 선한 목자는 양들을 위하여 목숨을 버리거니와 ……
나는 내 양을 알고 양도 나를 안다.
요한복음 10장 3, 11, 14절

중동에 산재한 성경적 문화와 세계관이 내게 진지하게 부딪쳐 왔을 때 나는 영국 더비셔의 한 교회에서 십 대 청소년 사역자로 섬기고 있었다. 그전에 몇 년 간 중동에 살면서 도시와 사막을 광범위

하게 여행한 적이 있었다. 또렷하게 기억하는 날이 있는데 그때 나는 서구 기독교인들이 중동이나 걸프 지역에 살지 않기 때문에 성경을 읽으면서 수많은 이해의 층들을 놓치고 있다는 것을 깨달았다. 그곳에 사는 동안 성경의 수많은 이야기들이 내게 전에 없이 생생하게 다가왔다. 아랍의 일상에서 눈에 보이고 냄새로 맡는 평범한 것들은 예수님 시대 이래로 거의 변한 것이 없는 것처럼 보이는 문화에 뿌리를 내리고 있다.

하루는 구불거리는 작은 시골길을 운전해 더비셔의 브라싱턴 Brassington이라는 이름의 마을로 향했다. 햇빛이 찬란한 날이었는데 독특한 마을 풍경이 멀리에서도 눈에 들어와 언덕에서 벌어지는 활동을 슬쩍 엿보게 되었다. 두 마리 개와 함께 일하는 양치기가 있었는데 아직 약속 시간 전이었기 때문에 나는 차를 세워 두고 앉아서 그들이 일하는 것을 쳐다보았다.

양치기는 휘파람과 신호들로 양몰이 개들에게 명령을 내려 여기저기 흩어진 양을 촘촘히 무리 지을 수 있도록 모으게 했다. 개들은 올바른 방향으로 몰아가기 위해 양 떼에게 몰래 다가갔다가 위협하고 가끔은 달려들어 물었다. 사정없이 양들을 뒤쫓으며 옆에서 몰아붙이는 개들의 위협에 양들은 어쩔 수 없이 앞으로 몰려갔다. 그 장면이 어찌나 매혹적인지 만족감에 젖어 한참을 지켜보았다. 나는 예수님이 자신을 '선한 목자'로 묘사하시는 성경 구절들을 생각해 보았다. 요 10:11

'잠깐!' 나는 스스로에게 말했다. 내 눈앞에 있는 장면과 예수님을 연상시키는 편안한 분위기의 이미지와는 삐걱거리는 뭔가가 있었다. 개 한 마리가 짖었고 깜짝 놀란 양이 다른 양들처럼 방향을 틀었다. 영국에서 양치기 즉 목자는 안전함이나 달콤한 사랑의 감정과는 멀다. 양치기는 양들에게 사나운 개를 풀어놓는 장본인이다. 영국의 양치기는 양이 원치 않아도 사납게 짖고 으르렁대고 이빨을 드러내는 온갖 형태의 위협과 공포를 사용해 그곳으로 가게 만든다. 내가 그보다 몇 년 전에 중동에서 목격했던 목자들과 달라도 너무 달랐다.

요르단에 있을 때 나는 길르앗 산지의 굽이치는 언덕에 있는 유목민 천막 옆 흙길을 돌아다니고 있었다. 내 앞에서 노랫소리가 들렸는데 자세히 보니 어린 목동이었다. 목동은 길을 따라 느긋하게 걷고 있었는데 그의 뒤로 양무리가 느슨하게 따르고 있었다. 너무 오랫동안 빈둥거리며 풀을 뜯어 먹는 양 한 마리가 금세 목동의 주의를 끌었다. 목동이 그 양의 이름을 부르자 깜짝 놀란 양은 바로 목동이 가고자 하는 방향을 따라 움직였다.

쿠웨이트에서 만난 목자도 기억한다. 우리는 석유 마을 아흐마디Ahmadi에 살았는데 어느 날 나는 방갈로에서 나오다가 내 정원에 핀 꽃을 뜯어 먹는 큰 양을 보고 분개했다. 집에서 그 양을 내쫓으려고 한참을 양과 씨름하는 내 모습은 창문으로 지켜보는 아내와 아이들에게 재미난 구경거리가 되었다. 그러던 중 갑자기 한 목동이 문 앞에 나타났다. 고작 그가 양을 한 번 불렀을 뿐인데 문제는 즉시 해결되었다. 나는 이 양이 목동을 따라 고분고분 달려가는 것을 믿을 수 없는 심정으로 지켜봐야 했다.

성경에서 가장 유명한 구절 중 하나가 시편 23편이다. 세대를 가리지 않고 수없이 많은 장례식에서 노래나 시로 읽혀 영국 사람에게 익숙한 시편이다. 하지만 이 시편을 듣고 그들에게 과연 어떤 이미지가 마음속에 떠오를까? 그것은 영국 문화에서 형성된 양치기의 모습일까, 아니면 시편의 원 저자가 우리에게 전하고 싶어 했던 중동의 목자의 모습일까?

여호와는 나의 목자시니
내게 부족함이 없으리로다
그가 나를 푸른 풀밭에 누이시며
쉴 만한 물가로 인도하시는도다
내 영혼을 소생시키시고
자기 이름을 위하여
의의 길로 인도하시는도다
내가 사망의 음침한 골짜기로 다닐지라도
해를 두려워하지 않을 것은
주께서 나와 함께하심이라
주의 지팡이와 막대기가 나를 안위하시나이다.
시편 23편

여기에 영국 양치기가 보이는가? 개들은 또 어디 있을까? 이 시편은 중동에서 볼 수 있는 이미지를 묘사하는 듯 보인다. 중동의 목자를 볼 때 가장 익숙한 광경은 그가 양 떼 앞에서 걷고 있다는 사실이다. 두 번째는 우리가 놓치기 쉬운 것이기도 한데 바로 목자와 양 떼의 친밀함이다. 양 떼는 목자의 목소리를 알아듣고 목자는 양들의 이름을 알고 있다.

양 떼는 이미 목자가 경험했고 앞서 지나간 장소를 따라간다. 목자는 양 떼를 불러 자신을 따르고 신뢰하게 만든다. 이 친숙함이 안전하고 편안한 분위기를 만든다. 이 목가적 이미지는 중동의 청중에게 명백한 의미를 전달한다. 하지만 서구의 청중에게는 목자의 이미지를 일일이 다시 가르칠 필요가 있다.

당신이 인생에서 어디로 가든, 어떤 상황에 놓여 있든, 당신에게 어떤 위기가 닥치든, 목자는 이미 당신보다 먼저 그곳에 계셨다. 당신이 사망의 음침한 골짜기로 걷는다 해도 그분은 당신보다 앞서 가시며 길을 인도하신다.

서구인들이 가지고 있는 하나님이나 예수님의 모습은 영국 양치기 이미지와 더 가까울 수 있다. 두려움과 통제를 통해 사람들을 조종하는 깡패와 비슷하다. 이런 하나님의 이미지가 그와 하나님의 관계 전체를 만들고 그의 종교적 경험을 왜곡할 수 있다. 목자가 인자하든 말든 문자 그대로 사나운 양몰이 개들이 자신을 알 수 없는 운명 속으로 몰아가고 있다고 느낄 수 있다.

신학자들은 목자의 이미지를 목회적인 것으로 묘사한다. '목사 pastor'라는 용어도 교회 지도자에게 필요한 목양 기능을 담고 있는 것이다. 이것은 하나님을 매우 친밀한 용어로 묘사하는 성경의 가르침을 반영한다. 하나님은 목자와 같고 우리는 그분의 양이다. 이처럼 성경에서 나타내는 바를 토대로 유추해 본다면 예수님은 자신의 사역과 정체성이 거룩한 목자를 그대로 보여 준다는 사실을 직관적으로 아셨다는 것을 알 수 있다.

# 빵

Bread

**예수를 먹고 마시는 삶**

예수께서 이르시되 …… 하나님의 떡은 하늘에서 내려
세상에 생명을 주는 것이니라 …… 예수께서 이르시되
나는 생명의 떡이니 내게 오는 자는 결코 주리지 아니할 터이요
나를 믿는 자는 영원히 목마르지 아니하리라.

요한복음 6장 33-35절

 이 장에서는 빵과 관련된 예수님의 가르침에서 문화적, 신학적
중요성을 검토할 것이다. 또한 예수님이 사용하신 수사학 장치를
살펴볼 텐데 이로써 예수님의 가르침을 보다 효과적으로 기억하
고, 또 그 가르침이 구전되었으나 얼마나 신뢰할 만한지를 깨닫게
될 것이다.

걸프 지역은 빵이 주식이다. 빵은 그 자체로 음식이기도 하고 다른 음식을 뜨거나 퍼서 입에 넣는 용도로도 사용한다. 또 접시 역할도 할 뿐만 아니라 소스나 남은 음식을 닦아서 먹는 용도로도 쓰인다. 무엇보다 모든 가정에서 심지어 가장 가난한 곳에서도 찾을 수 있다. 예수님이 가르치신 가장 유명한 기도에도 등장한다. "우리에게 날마다 일용할 양식빵, NIV을 주시옵고."눅 11:3 레바논 출신의 미국인 요리사 하빕 살룸Habeeb Salloum은 아라비아반도에서 빵이 하는 역할을 이렇게 설명한다.

중동의 다수 민족인 아랍인은 끼니마다 빵을 먹는다. 빵은 전통이나 일상에서 모두 알라께 받은 거룩한 선물로 여겨진다. 이집트 사람들은 빵을 '생명 자체'를 뜻하는 '에이쉬aysh'라고 부른다. 아랍 세계에서는 빵 조각이 바닥에 떨어지면 그것을 주워서 입을 맞춘 다음 먹는다. 나는 이런 일을 집에서 보곤 했는데 바닥에 빵 조각이 떨어지면 어머니가 그것을 쓰레기통에 버리지 못하게 하셨다.

스페인 사람들은 이베리아반도에 오래 머물렀던 아랍인의 관습을 따라했다. 빵 조각이 바닥에 떨어지면 스페인 사람들은 아랍식으로 "이것은 알라의 빵이다Es pan de Dios"라고 말한다. 아랍어로는 "에이쉬 알라"

아랍인들은 빵 없이는 다른 음식을 맛볼 수 없다고 주장하는 만큼 그야말로 셀 수 없이 다양한 종류의 빵을 선택할 수 있다. 아랍의 빵은 질감과 크기와 형태가 매우 다양하다. 이 가운데 '피타'가 가장 대표적인 빵이라는 데는 의심의 여지가 없는데 중동에서 아랍인들은 이를 '쿱즈 아라비Khubz Arabee; 아랍의 빵-옮긴이주'라고 부른다.[1]

각자의 삶과 하나님이 빵과 얼마나 긴밀히 연관되어 있는지를 보는 것은 참으로 흥미진진하다. 중동 역사를 돌아보면 위대한 성전에서 하나님의 임재를 상징하기 위해 빵을 진열해 두었다는 것을 알 수 있다. 출 25:30; 히 9:1-5 성소에 놓였던 진설병은 하나님의 임재와 그분이 주시는 생명을 직접적으로 나타내는 상징이었다. 빵은 제사장을 정결하게 하기 위해 하나님께 희생제물로 바치도록 요구된 것들 가운데 하나이기도 하다. 출 29:23-25 오늘날 중동에서 보여지는 빵에 대한 존중은 예루살렘 성전 중심에 빵을 놓았던 시간으로 거슬러 올라가 비교해 볼 만하다.

중동 사람들은 빵을 신성의 상징으로 사용하는 데 익숙하기 때문에 예수님이 스스로를 정확히 이 상징에 빗대어 말씀하셨을 때 마음에 거슬렸을 수 있다. "나는 생명의 빵개역개정에는 "떡"-옮긴이주"이라는 예수님의 주장은 이 말씀을 들은 청중들에게 신성 모독의 진술이나 같았던 것이다. 이것은 예수님이 하나님이라는 주장이었다. 이 말을 듣고 무리가 분노하며 그분을 돌로 치려 했다는 데서 그들의 생각을 알 수 있다. 이처럼 예수님의 자기 이해는 기독교인과 무슬림 사이의 논쟁 사안이지만 예수님이 자신을 하나님과 동

일시한 가르침은 단지 이것만이 아니다.[2]

빵은 환대의 상징이기도 하다. 예수님이 빵에 관한 이야기를 통해 어떻게 강력한 영적 진리를 드러내시는지 살펴보자.

> 또 이르시되 너희 중에 누가 벗이 있는데 밤중에 그에게 가서
> 말하기를 벗이여 떡,[빵] [NIV] 세 덩이를 내게 꾸어 달라 내 벗이
> 여행 중에 내게 왔으나 내가 먹일 것이 없노라 하면 그가
> 안에서 대답하여 이르되 나를 괴롭게 하지 말라 문이 이미
> 닫혔고 아이들이 나와 함께 침실에 누웠으니 일어나 네게 줄
> 수가 없노라 하겠느냐 내가 너희에게 말하노니 비록 벗 됨으로
> 인하여서는 일어나서 주지 아니할지라도 그 간청함을 인하여
> 일어나 그 요구대로 주리라 내가 또 너희에게 이르노니 구하라
> 그러면 너희에게 주실 것이요 찾으라 그러면 찾아낼 것이요
> 문을 두드리라 그러면 너희에게 열릴 것이니 구하는 이마다
> 받을 것이요 찾는 이는 찾아낼 것이요 두드리는 이에게는 열릴
> 것이니라.
>
> 누가복음 11장 5-10절

다시 한 번 예수님은 구전에 뛰어난 이야기꾼과 시인의 기술을 선보이신다. 케네스 베일리는 예수님이 말씀하신 '한밤중에 찾아온 친구 비유'를 뒷받침하는 구조를 강조한다. 여기에 각각 여섯 행을 포함하는 두 개의 뚜렷한 연의 구분을 발견할 수 있다. 각 연은 도

치 구문문장 속 순서가 뒤바뀜-편집자주인데 첫 행과 여섯째 행이 내용 면에서 대구를 이루고 둘째 행과 다섯째 행은 각각 정점을 이루는 셋째와 넷째 행과 대구를 이룬다. 베일리는 이 이야기를 다음과 같이 세밀하게 나눈다.

**A연** 일어나지 않은 일


또 이르시되

너희 중에 누가

벗이 있는데

밤중에

| | | |
|---|---|---|
| 1 | 그에게 가서 말하기를 | 간청 |
| | 벗이여 떡 세 덩이를 내게 꾸어 달라 | |
| 2 | 내 벗이 | 간청의 이유 |
| | 여행 중에 내게 왔으나 | |
| 3 | 내가 먹일 것이 | 이행을 호소 |
| | 없노라 하면 | |
| 4 | 그가 안에서 | 이행을 거절 |
| | 대답하여 이르되 | |
| | 나를 괴롭게 하지 말라 | |
| 5 | 문이 이미 닫혔고 | 거절의 이유 |
| | 아이들이 | |

나와 함께 침실에 누웠으니

| | | |
|---|---|---|
| 6 | 일어나 | 요청의 거절 |
| | 네게 줄 수가 없노라 | |

**B연** 일어나지 않은 일

| | | |
|---|---|---|
| | 내가 너희에게 말하노니 | |
| 1 | 비록 | 요청의 거절 |
| | 주지 아니할지라도 | |
| 2 | 일어나서 | 일어나다 |
| 3 | 벗 됨으로 | 다른 이유 |
| | 인하여서는 | |
| 4 | 그 간청함을 | 진짜 이유 |
| | 인하여 | |
| 5 | 일어나 | 일어나다 |
| 6 | 그 요구대로 | 요청의 성사 |
| | 주리라[3] | |

　　베일리는 이 이야기의 주제가 '주는 것'인 까닭은 예수님의 말씀을 듣는 청중들의 문화에서 이것을 명예로운 일로 여기기 때문임을 강조한다. 이야기 시작 부분에 있는 수사학적인 질문 '너희 중에

누가 ……하면 ……?'을 던졌을 때 예상되는 대답은 명백하다. 중동 사람이라면 누구나 자신의 명예가 걸려 있음을 알면서 환대의 관행을 저버리고 친구를 돕지 않는 것은 상상할 수 없는 일이다. 이런 상황에서 친구를 돕기 위해 일어나지 않는 것은 도저히 용납할 수 없다. 그렇다면 이 이야기의 요점은 무엇인가?

이 이야기가 나온 배경은 예수님이 기도를 가르치실 때다. 제자들은 예수님이 기도하시는 것을 보았고 그분께 배우기를 원했다. 그래서 그분께 어떻게 기도할지 알려 달라고 요청했다. 이에 대한 응답으로 예수님은 오늘날 우리가 '주기도문'이라고 부르는 기도를 가르치신다. 이 기도에는 검토해 볼 만한 심오한 요청들이 구체적으로 담겨 있다.

> 아버지여 이름이 거룩히 여김을 받으시오며 나라가 임하시오며
> 우리에게 날마다 일용할 양식을 주시옵고 우리가 우리에게 죄
> 지은 모든 사람을 용서하오니 우리 죄도 사하여 주시옵고 우리를
> 시험에 들게 하지 마시옵소서.
> 누가복음 11장 2-4절

예수님은 다음과 같은 것들을 구하라고 하셨다.

"나라가 임하시오며." 하나님이 우리의 삶을 천국의 임재 속에서 살아가는 것처럼 다스려 주시기를 요청하는 것이다.

"우리에게 날마다 일용할 양식빵을 주시옵고." 이 간구는 문자

그대로 해석이 가능하다. 빵은 이 백성의 일상적인 음식이자 주식이었다. 여기에 들어 있는 더욱 근본적인 간구는 '우리에게 생명을 주소서'나 '우리의 기본 필요를 충족시키소서'와 같은 의미가 될 것이다. 중동 사람들이 빵을 곧 생명으로 인식한다는 것을 보여 주는 대목이다.

"우리 죄도 사하여 주시옵고." 이 간구는 대부분의 사람들이 자신들의 실수를 부끄러워하거나 실수를 저지른 자신에게 분노한다는 보편적인 인간 상태를 인정한다. 이 요청은 기도하는 사람이 다른 사람을 용서하는 것처럼 용서받을 것을 조건으로 한다.

이것은 특별한 요청이다. 이 기도에서 중동의 맥락을 상기해 보자. 예수님이 이 기도를 가르치셨을 때는 하나님만이 죄를 사하실 수 있고 그 용서에는 희생제물이 필요하다는 종교법이 다스릴 때였다. 죄 용서의 대가는 결코 값싸지 않았고 제물로 보통 비둘기나 양이나 소의 생명을 희생해야 했다. 어떤 동물을 사용할지는 간구하는 사람의 부유한 정도에 달려 있었고 용서의 등급을 사전에 가늠하는 게 필요했다.

여기에서 하나님께 죄를 용서받기 위해 요구되는 희생제물은 우리가 용서받는 자유를 경험하기 위해 역으로 다른 사람들 용서하는 것을 배우는 것이다. 많은 심리학자들은 다른 사람을 용서하지 못하는 것이 우리의 정신 건강에 해로운 영향을 끼친다는 연구 결과를 발표했다. 이것은 종교법이 요구하는 사항과는 정반대다. 이웃이 당신에게 해를 끼쳤다면 곧장 보복하게 되어 있다. 성경은 살인자의 처형을 허락은 하지만 죄 지은 사람이 성역으로 특별히 지정된 도시로 도피하면 살인자에 대한 즉각적인 공의를 면제받을 수 있었다. 그곳에서 죽음과 관련된 상황에 대한 적절한 조사가 이뤄질 때까지 어떤 형태로든 보호받을 수 있었다. 그렇다 해도 용서에는 희생제물이 필요했다.

예수님은 중동의 제자들에게 피의 복수를 피하고 대신 사람을 용서함으로써 하나님께 죄 사함을 간구하라고 가르치신다. 이것은 대단히 어려운 일이지만 피 흘리는 다툼만 가득하고 용서를 찾아보기 힘든 사회 분쟁에서 매우 급진적인 함의를 담고 있다. 실제로 이 기도 요청은 복수하려는 우리의 근본적인 욕망을 바꿔 달라고 하나님께 간청하는 것이며 그렇게 함으로써 증오와 보복의 악순환에서 우리를 자유롭게 한다.

"우리를 시험에 들게 하지 마시옵소서." 마지막 간구는 곤경과 파괴에서 우리 자신을 지킬 수 있는 하나님의 보호하심과 인생을 선택하는 능력에 대한 탄원이다. 이것은 우리가 의사를 결정하는 과정에서 특히 도덕과 윤리의 영역에서 하나님이 우리에게 개입하셔서 인도해 달라는 절박한 요구다.[4]

예수님은 이 기도를 가르치신 다음 친구에게 끊임없이 빵을 요구하는 이웃 이야기를 이어 가셨다. 그렇게 함으로써 기도와 비유를 연결시켜 기도의 기능을 강조하셨다. 이 비유는 잔소리나 조르기가 더 알맞은 표현이긴 하지만 친구에게 끈기 있게 요구하는 것을 강조한다. 친구는 결국 그에게 빵을 내주었는데 그와 가까운 사이이기 때문이 아니라 친구를 환대하라는 평판을 존중해야 했기 때문이다.

그런데 이웃의 요청에 응답하려면, 어두운 한밤중에 다시 일어나야 하는 불편함을 감수해야 할 뿐 아니라 보통 가족 모두 같은 층에 있는 한방에서 잠을 자곤 했는데 잠든 아이들과 아내의 팔다리 사이를 지나 집을 빠져나와서는 뜰을 가로질러 바깥 담벽으로 이어진 무거운 문까지 가야만 했다. 친구가 빵을 얻지 못한다면 그 친구뿐만 아니라 자기 자신 역시 수치를 당하는 것이다.

예수님은 우리가 이처럼 기도해야 한다고 가르치신다. 우리는 하나님께 조를 수 있다. 날마다 필요한 것을 하나님께 집요하게 구하는 것이다. 우리가 이미 천국에 있는 것처럼 우리 삶에서 역사해 달라고 하나님께 요구하는 것이다. 이는 결국 우리가 부끄러움을 당하지 않는 것이 하나님께서 자신의 이름을 영화롭게 하시는 길이다.

예수님은 명예와 수치에 대한 문제가 기도와 밀접한 관계가 있다는 사실을 납득시키기 위해 제자들에게 구하고 찾고 두드리라고 도전하시며 다음과 같이 가르치신다.

> 너희 중에 아버지 된 자로서 누가 아들이 생선을 달라 하는데 생선 대신에 뱀을 주며 알을 달라 하는데 전갈을 주겠느냐 너희가 악할지라도 좋은 것을 자식에게 줄 줄 알거든 하물며 너희 하늘 아버지께서 구하는 자에게 성령을 주시지 않겠느냐.
> 누가복음 11장 11-13절

예수님이 인용하신 구절을 보면 아무것이나 나열한 것처럼 보인다. 이에 대해 베일리는 복음서를 다룬 아랍 주석가의 말을 인용해 다음과 같이 해설한다.

> 빵과 생선과 달걀은 보통 사람의 평범한 음식이다. …… 둥근 돌은 둥근 빵처럼 보이고 바다의 뱀물고기의 일종과 땅의 평범한 뱀 사이에는 외양적인 차이가 거의 없다. …… 그리고 전갈은 모두 접어 놓으면 마치 달걀처럼 보인다.[5]

이 모든 가르침을 아래에 다시 시문학 구조로 제시해 보면 예수님의 웅변가로서의 기술과 그분이 깊이 영향받은 중동의 구전 전승이 사용되었다는 것을 쉽게 알 수 있다. 베일리가 정리한 다음 구조를 살펴보자.

**A연**

내가 또 너희에게 이르노니

| | | |
|---|---|---|
| 1 | 구하라 그러면 | ( 2인칭 ) |

너희에게 주실 것이요

2  찾으라 그러면 찾아낼 것이요

3  문을 두드리라 그러면

너희에게 열릴 것이니

| | | |
|---|---|---|
| 1 | 구하는 이마다 받을 것이요 | ( 3인칭 ) |

2  찾는 이는 찾아낼 것이요

3  두드리는 이에게는

열릴 것이니라

**B연**

너희 중에 아버지 된 자로서

1  누가 아들이 빵을 달라 하는데

2  빵 대신에 돌을 주며

    1  생선을 달라 하는데

    2  생선 대신에 뱀장어뱀을 주며

    3  알을 달라 하는데

4   전갈을 주겠느냐

**C연**

그러므로
<hr>
4   너희가 악할지라도                              ( 2인칭 )

5   좋은 것을

6   자식에게 줄 줄 알거든
<hr>
4   하물며 너희                                   ( 3인칭 )

5   하늘 아버지께서

6   구하는 자에게

    성령을 주시지 않겠느냐

    A연은 점층법과 대구법의 정확한 예다. 문장 유형을 살펴보면 "구하라, 찾으라, 두드리라"라는 말을 연속해서 두 번 사용한다. 앞의 A연의 번호 1, 2, 3을 참고해 보라. 여기에서 현재 시제 명령형은 계속되는 행동을 보여 주는데 이것은 '계속해서 구하고, 계속해서 찾고, 계속해서 두드리라'라는 말로 번역할 수 있다. '누구나'를 강조하는 것은 고대 시리아어에서 찾아볼 수 있는데 사회적으로 버림당한 사람들에게 호소하는 것으로 여겨진다. 심지어 그런 이들조차도 구하면 받는다는 것이다. 이는 또한 복음의 보편성을 옹호

빵

201

하기 위해 언급된 것일 수 있다. 예수님은 당대 종교인들에게 '구하는 사람은 누구나, 소위 의로운 자뿐만 아니라 죄인조차도 받을 것이다'라고 말씀하시는 것이다.

B연은 세 개의 이중 이미지를 담고 있는데 대조법을 사용한다. 또한 각각의 쌍을 이루는 대구법에는 동일한 의미가 담겨 있다. 아들은 아버지로부터 반드시 받게 되어 있고, 그 선물은 선한 것이다.

C연은 A연을 반영하듯 대구를 이루며 점층법을 사용한다. 그래서 각각의 연이 나타내는 바를 다음과 같이 요약 정리할 수 있다.

A연: 모두 받을 것이다.
B연: 모두 받을 것이고, 선물은 선할 것이다.
C연: 선물은 선할 것이다.

B연의 이미지는 간단하고 인상적이다. 이것들은 청중들이 그것 중 하나만 기억해도 충분할 만큼 절묘하게 구성된 것이다.[6]

중동 지역에서 이 메시지는 충격적이었다. 예수님 말씀의 본질은 하나님은 마치 인간 세계의 선한 아버지처럼 선하시며 하늘 아버지이신 하나님은 아라비아의 수치와 명예의 문화 속에서 가장 적절한 방법으로 자신을 나타내려 하셨다는 것이다. 하나님은 자신의 이름을 명예롭게 하기 위해서라도 우리 기도에 응답하실 것이다.

이 메시지는 비록 단순하지만 무척 강력하고 예수님이 자유자재로 구전의 방식을 활용하셨음을 입증한다. 예수님은 중동의 시와 서사의 세계 속에 살고 계셨고 하늘로 올라가신 지 수 세기가 지났음에도 그분의 천재성과 그 이야기들은 여전히 전해지고 있다.

Run

달리기

# 수치를 잊은 사랑

어떤 사람에게 두 아들이 있는데 그 둘째가 아버지에게 말하되

아버지여 재산 중에서 내게 돌아올 분깃을 내게 주소서 하는지라

아버지가 그 살림을 각각 나눠 주었더니 그 후 며칠이 안 되어 둘째 아들이

재물을 다 모아 가지고 먼 나라에 가 거기서 허랑방탕하여 그 재산을 낭비하더니

다 없앤 후 그 나라에 크게 흉년이 들어 그가 비로소 궁핍한지라

가서 그 나라 백성 중 한 사람에게 붙여 사니

그가 그를 들로 보내어 돼지를 치게 하였는데

그가 돼지 먹는 쥐엄 열매로 배를 채우고자 하되 주는 자가 없는지라

이에 스스로 돌이켜 이르되 내 아버지에게는

양식이 풍족한 품꾼이 얼마나 많은가 나는 여기서 주려 죽는구나

내가 일어나 아버지께 가서 이르기를 아버지 내가 하늘과 아버지께 죄를 지었사오니

지금부터는 아버지의 아들이라 일컬음을 감당하지 못하겠나이다

나를 품꾼의 하나로 보소서 하리라 하고 이에 일어나서 아버지께로 돌아가니라

아직도 거리가 먼데 아버지가 그를 보고 측은히 여겨 달려가 목을 안고 입을 맞추니.

누가복음 15장 11-20절

걸프의 아랍인들은 뛰지 않는다. 길거리나 쇼핑몰이나 걸프 지역 어디에서도 아랍인 성인이 대중 앞에서 달리는 일은 극히 드물다. 이유는 아주 간단하다. 아바야나 칸두라kandura나 디슈다샤dishdasha 같은 아랍인 전통 의상을 입고 달리는 건 너무 어렵기 때문이다. 예복 길이가 너무 길어서 보폭에 제약을 받는다. 전속력으로

달릴 수 있는 유일한 방법은 예복이나 긴 옷을 번쩍 걷어 올리는 것이다.

하지만 이것은 중동에서는 상상도 할 수 없는 일이다. 맨살을 너무 많이 드러내면 점잖지 않고 수치스럽다고 여기는 문화에서 점잖은 의상이 미덕의 징표로 보이는 건 너무나 당연하다. 달리기는 품위 없는 일이다. 달리기는 신체 일부를 보임으로써 이웃과 자신을 난처하게 만든다는 의미다. 중동에서는 오랫동안 그래 왔다. 사회적으로 지위와 역할이 높을수록 달릴 일은 더 적어진다. 당신이 가부장적인 인물이고 부족이나 대가족의 지도자 혹은 땅을 소유한 사람인 경우 특히 그렇다.

그런데 예수님은 이런 문화에서 상상도 할 수 없는 이야기를 하셨다. 바로 존경받는 연로한 아버지가 대중 앞에서 달린 것이다. 시적 장치를 사용해서 이를 다시 구성해 보겠다. 케네스 베일리는 탕자의 비유 형태를 D 유형파라볼릭 발라드: 두 지점 사이의 최단 거리는 직선이 아니라 곡선이라는 이론-옮긴이주으로 묘사하는데 이런 경우 도치법을 사용할 때 서로 일치하는 열두 개의 연이 있다. 개요는 다음과 같다.

1 아들을 잃다

2 낭비되는 물건들

3 전부 잃다

4 큰 죄악

5 완전한 거절

6 마음의 변화

6 최초의 회개

5 완전한 수용

4 큰 회개

3 모두 얻다

2 기쁜 잔치에 사용될 물건들

1 아들을 찾다[1]


　이런 명확한 구조를 통해 구전 전승이 익숙한 문화 속에서 이야기의 줄거리를 보다 더 잘 기억할 수 있도록 돕는다. 베일리는 이 이야기에 있는 또 다른 구조에도 주목하는데 이를 통해 사람들의 기억 속에 몇 배나 더 강력하게 각인될 수 있다고 보았다. 그는 이 구조를 주제별 점층 대구법이라고 부른다. 다음을 살펴보자.

**A 화법** 처음 여섯 구절


집을 떠나다

필요하지만 회개하지 않다

돼지 치는 자가 되다

먹을 것이 없다

죽어 간다

집으로 돌아오다

배가 고파 진정으로 회개하다

명예로운 아들이 되다

살찐 송아지 고기를 먹다

살아 있다[2]


이야기꾼으로서 예수님의 천재성은 그 비유들의 근본적인 문학적 구조를 살필 때 드러난다. 그분은 청중에게 그분의 가르침을 간직하고 연습할 수 있도록 시적인 연결고리들hooks을 주셨다. 탕자의 비유에서 우리는 선한 행동의 모든 규범을 위반한 한 젊은이의 이야기를 읽는다. 그는 아버지에게 자신이 상속받을 재산을 미리 요구했다. 즉 아버지가 돌아가셔야 받을 수 있는 것을 원한 것이다.

케네스 베일리는 오늘날 중동 사람이 아버지에게 아들로서 상속 지분을 미리 요구하면 어떻게 되는지 호기심을 느꼈다. 그래서 중동 지역에 사는 다양한 사람들에게 이런 요구에 어떻게 반응할지 물었다. 예외없이 다음과 같은 대화가 이뤄졌다.


"당신 마을 사람 중 누군가 그런 요청을 한 적이 있습니까?"

"전혀요!"

"누군가 그런 요청을 할 수 있습니까?"

"불가능하지요!"

"누군가 그렇게 했다면 무슨 일이 일어나겠습니까?"

"당연히 아버지가 그를 두드려 팼겠지요."

"왜요?"

"그 요청은 아버지가 빨리 죽길 바란다는 뜻이니까요!"[3]

부모를 돌보는 것은 아들이 해야 하는 주요 의무였다. 그들은 연로한 부모를 돌보고 그들이 존엄하게 묻히는 걸 확인할 의무가 있었다. 부모 봉양의 의무를 저버리는 것은 수치스러운 행동이었으며 공동체 전체에게 비난받을 수 있었다.

그런데 놀랍게도 이 비유의 시작 부분에서 아버지는 너무나 평화롭고 은혜롭게 반응한다. 앞에서 조사한 내용에서 보다시피 아랍인들 대부분은 그런 요청에 폭력을 동반한 분노를 예상한다. 그런데 이 아버지는 전혀 그렇게 반응하지 않았다. 동방 교구의 사제이자 전통 학교의 학자인 사이이드Sa'id는 이렇게 비평한다.

> 이 이야기에서 아버지가 취하는 행위들은 과거에 어떤 아버지도 하지 않았던 독특하고 놀랍고 거룩한 행위들이다.[4]

사이이드는 이 아버지의 행동이 특별하다고 느꼈다. 여기서의 아버지는 여전히 죽지 않고 지구상에 살고 있으며 믿을 만한 존재이다. 동시에 그는 지상의 아버지에게서 경험하며 기대할 수 있는 것 이상으로 차원 높은 사랑을 보여 준다.

이어진 이야기에서는 둘째 아들의 부귀영화를 보여 준다. 그는 이내 돈을 탕진해 버리고 난 후 동물들의 먹이를 주워 먹다가 자기 집에 있는 하인들조차 자신보다 나은 삶을 산다는 걸 깨닫는다. 그는 집으로 돌아가기로 결심하고 아버지에게 할 말을 연습한다.

그동안 아버지는 날마다 지평선을 바라보며 염려하고 있었다. 그는 떠났던 아들이 돌아오기를 바랐다. 그러던 어느 날 아버지는 멀리서부터 희미한 물체가 마을을 향해 걸어오는 걸 본다. 마침내 아버지는 망가지고 거의 알아볼 수도 없는 인물이 자기 아들이라는 것을 깨닫는다. 그리고 나서 그는 상상도 할 수 없는 일을 한다. 그는 달린다.

이 노인은 자신의 겉옷을 끌어올려 품위 없게 맨다리를 드러낸다. 그는 마을 이 끝에서 저 끝까지 달린다. 그를 본 모든 사람이 충격을 받았을 것이다. 유력한 땅 주인, 상류 사회의 대들보가 자기 체면을 내팽개친 것이다. 그가 생각할 수 있는 것은 오로지 집에 온 아들을 환영하는 것이다. 그가 원하는 것은 오로지 잃어버린 아들을 자기 품에 안아 주는 것이었다.

그에게서 걸어 나갔던 바로 그 아들, 그토록 냉담하게 아버지가 이미 죽은 것처럼 여기며 살겠다고 한 것과 같은 바로 그 아들이었다. 이 순간에 아들은 어떤 대접을 받을지 두려워하며, 아버지가 하찮은 하인으로라도 다시 받아 주시기를 희망하고 또 희망하며 길거리를 터벅터벅 걸어오고 있었다.

그때 큰 외침이 있었다. 아버지는 눈물로 두 팔을 벌리며 뛰어와 전혀 기대하지 못했던 깊은 포옹으로 자비, 은혜, 사랑, 용서를 전했다. 모든 상황을 압도해 버리는 행위였다. 사실 분노, 심판, 진노가 마땅했다. 하지만 아들이 받은 것은 면목 없는 창피, 데인 듯한 수치, 바닥으로 떨어진 위신이 아니었다. 그것들은 대신 아버지의 몫이 되었다. 아버지가 뛰었기 때문이다.

이 이야기는 아랍인 청중들을 경악시키는 강력한 문화적 충격을 담고 있다. 이 비유에서 아버지는 아들을 사랑하기에 의도적으로 스스로를 수치스럽게 했다. 그는 자신을 약하고 품위 없는 사람으로 만들었다. 화해를 위해 자신의 수치와 명예를 내던졌다. 이 이야기에 예수님의 비유 가운데 많은 부분을 관통하는 중심 주제가 담겨 있다. 전에 잃어버린 바 되었던 우리가 이제 발견되었다는 것이다.

## 예수의 부활, 사람들을 달리게 했다

복음서에 달리는 사람들의 또 다른 예가 있다. 이것은 문화적으로 어떤 의미가 있을까? 또 하나의 주목할 만한 사건이 모든 복음서 말미에 등장한다. 예수님이 사람들을 가르치시고 아픈 사람들을 고치시고 고난받으시며 십자가에 달려 돌아가시는 동안 그분과 함께했던 제자들이 그분이 묻혔던 빈 무덤에서 달려 나오고 또 빈 무덤을 향해 달려갔다.

예수님의 빈 무덤을 처음 목격한 증인은 시체를 방부 처리하기 위해 무덤으로 갔던 여인들이다. 그들은 무덤에서 뛰쳐나와 달렸다. 긴 옷을 입고 있던 성인 여성들이 대중 앞에서 달렸다. 자신들의 품위와 부끄러움도 잊어버리고 달리게 만든 뭔가가 있었다. 그들은 그냥 달렸다.

무엇이 아랍의 여인들을 달리게 만들었을까? 나도 그들이 일반적으로 다른 이들이 달리는 이유처럼 그런 이유로 달렸다고 여긴다. 서둘러 어딘가로 가야 하거나 서둘러 어딘가에서 빠져나가는 것 말이다. 하지만 대중이 보는 앞에서 길거리를 달려갈 정도라면 상당히 긴급한 일일 것이다. 여성들이 대중 앞에서 달리는 장면을 떠올릴 수 있는 유일한 때가 하즈 의식을 행할 때인데 이들은 메카에 있는 작은 두 언덕 사이를 달린다. 사파(safa)와 마르와(marwa)라는 언덕 사이를 모두 일곱 번 왕복해야 한다.옮긴이주 무슬림들은 하즈 중에 하갈이 자신과 그녀의 아들 이스마엘이 마실 물을 찾기 위해 헤매며 절망하던 장면을 재현한다. 하갈이 달린 것은 생명의 원천을 발견하려는 긴급한 필요 때문이었다.

어떤 무슬림 주석가들은 예수님의 부활에 관한 복음서 이야기가 빈 무덤의 최초 목격자로 여성들을 내세운다는 사실에 충격을 받는다.[5] 여기 주목하는 이유는 지금과 마찬가지로 당시에 종교법이 한 남자의 증언을 둘이나 네 여성의 증언과 동격이라고 진술하기 때문이다. 주석가들은 부활의 이야기가 믿을 만한 것이라면 최초의 증인이 평판과 사회적 지위를 갖춘 남자였으면 훨씬 더 좋았을 것이라고 제안한다. 간혹 예수님의 이야기들은 평이한 문화와는 근본적으로 거리가 멀 때가 있는데 이것도 그런 경우들 중 하나로 보인다. 하지만 어떤 점에서는 바로 이러한 점이 복음서의 역사적 진정성을 더 그럴듯하게 만들어 준다. 이것이 허구의 이야기라면 저자는 더 나은 증인을 생각해 낼 수 있었을 것이다.

예수님의 부활이라는 주제로 들어서면 지금처럼 완전히 '빈 무덤'에 대한 이야기를 둘러싼 회의론이 있었다는 데 주목할 필요가 있다.[6]

그러면 중동의 여인들은 왜 예수님의 무덤에서 달려갔을까? 그들은 무엇을 느끼고 있었을까? 그들의 감정에는 흥분, 두려움, 공포, 희망이 모두 섞인 것처럼 보인다. 그들은 예수님의 몸을 어디에서도 찾을 수 없었기 때문에 이런 모든 감정을 느꼈다. 창 자국과 못 자국이 가득하여 부패한 죽은 시체 대신 빈 무덤을 발견했던 것이다.

여인들이 남자들이 쉬고 있는 공간으로 뛰어 들어와 서둘러 그 소식을 나누자마자 또 다른 놀라운 일이 일어난다. 이번에는 남자들이 달렸다. 겉옷을 잡아 끌고 무덤으로 달려갔다. 그리고 음침한 동굴 속으로 몸을 집어넣고 죽은 시체를 감쌌던 붕대가 버려진 현장을 보았다.

예수님의 부활은 사람들을 달리게 했다. 그들은 자신들의 품위를 염려할 겨를이 없었다. 부활이 과연 진실인지 확인하기 위해 모든 걱정을 제쳐 놓았다. 태양이 떠오르는 저 이른 아침, 달리는 자들의 요란한 소리는 새로운 믿음과 희망의 조짐이었다.

방 안의
코끼리

이 책에 대해 두 가지 주요한 비판이 제기될 수 있을 것이다. 하나는 이 책에서 발견되는 아라비아 문화의 양상이 과거 전통에 뿌리를 두고 있다는 것이다. 사실 이것은 팔레스타인 학자 에드워드 사이드Edward Said가 자신의 책 《오리엔탈리즘Orientalism, 교보문고 역간》에서 폭로했던 '최악의 오리엔탈리즘'이라고 볼 수 있다. 아라비아 걸프의 전통적인 이미지는 다소간 낭만적인 이상으로 왜곡되어 동시대의 현실을 제대로 담고 있지 못한 건 아닐까? 아랍어에 대한 지식이 거의 없는 서구 기독교 지도자인 내가 현지 문화에 접근해 이를 이해하는 데는 심각한 제약이 따랐다. 하지만 지역 주민들 사이에 영어 사용이 널리 확산되면서 꾸란을 포함한 많은 이슬람 자료들이 영어로 번역되었고 이 지역에서 20년 이상이나 살다 보니 이제는 아라비아 걸프 문화를 실질적으로 이해하기에 이르렀다.

현대의 걸프 아랍인은 세계화된 경제에 뿌리를 내린 전문 과학기술 집단이다. 이 통합된 세상에서 때로 이들은 아랍어보다 영어를 더 기술적으로 구사한다. 현대의 아랍 남성과 여성은 전 세계적인 아이콘과 미디어와 문화적 관련성을 잘 안다. 예를 들어 최근 아부다비에서 열린 '케이팝K-Pop'으로 지칭되는 한국의 대중문화 콘서트는 강력한 아랍에미리트연합의 팬 기반을 과시했다.

걸프 지역 전역에서 영어가 널리 통용되고 있어 아랍어가 소외당할 위험에 처했다는 당국의 공연한 우려가 커질 정도다. 한 쿠웨이트 작가의 출간 기념식에 갔다가 여기에 충격을 받았다. 그 작가는 쿠웨이트의 해양 역사책을 영어로 썼는데 아랍어로 책을 쓰지 않은 이유를 물었더니 자신의 손자가 이 책을 읽기를 바라는 마음에서라고 고통스럽게 말했다.

걸프 아랍인의 전형인 부유한 젊은이들은 영국 맨체스터나 미국 시카고에서 자라는 십 대 청소년들이 예수님의 문화 세계와 단절되는 것과 같은 상황에 처해 있다. 그래서 어쩌면 이 책은 미처 인식하지도 못한 채 시시각각 변하고 있는 문화를 향한 시대착오적인 찬사로 비칠 수도 있다.

두 번째 비판은 예수님의 가르침이 현대적이거나 보수적인 걸프 아랍인에게 의미하는 바가 무엇이냐는 질문을 뒷받침할 경험적 연구가 없다는 것이다. 이 책의 내용이 얼핏 평범한 추측으로 여겨질 수 있다. 그래서 머리말에서 언급한 케네스 베일리의 방법론을 위시해 좀 더 체계적인 연구가 필요하다.

해석학, 텍스트 비평학, 현대 인류학의 현장 조사라는 도구들을 사용하고 베일리의 레반트에 대한 저서에서 통찰력을 얻어 우리는 오늘날 걸프 아랍 국가에서 예수님의 말씀이 어떻게 공감대를 형성하게 될지에 대한 정보를 제공할 수 있다.

복음서가 예수님의 가르침을 다룬 신뢰할 만한 기록이라는 것을 확신한다면 몇 가지 분명한 결론을 내릴 수 있다. 예수님의 사명과 정체성을 심각하게 여기는 사람들에게는 예수님의 가르침들을 읽는 것이 불편할 수 있다. 복음서의 묘사에 따르면 예수님은 대중에게 경건하고 인기 있는 선생들처럼 도덕적 가치를 호소하고 신봉하는 것과는 전혀 동떨어진 분이었다. 그분의 원래 청중들은 그분이 하시는 이야기에 화를 내고 분개했다.

예수님의 비유들은 그분의 정체성과 사명에 관해 동일한 메시지를 전달한다. 바로 예수님 자신이 하나님과 떼려야 뗄 수 없는 관계로 연결돼 있다고 주장한다는 것이다. 이처럼 논쟁의 여지가 있는 가르침들을 훗날 헌신된 제자들이 만들어 냈다고 주장하는 것은 현재의 복음서 전부를 어마어마한 규모로 다시 써야 했음을 뜻하는 것이다. 예수님의 처음 제자들이 생존해 있는 동안에 이를 성취하려면[1] 철저한 담합이 필요했을 것이다. 그런데 이를 드러내는 증거는 없다.

예수님은 수사학과 웅변에 등장하는 인상적인 기술을 사용해서 충격적인 메시지를 전달하셨다. 그분은 메시아라는 명칭을 내세우셨다. 한편 그분의 청중들은 종교적이고 보수적인 사람들이었기에 복음서에 기록 내용을 살펴보면 예수님을 자주 신성 모독으로 고발했다. 예수님의 가르침이 궁극적으로 예수님 자신을 사형 선고로 이끌었던 것이다.

목격자들은 3년에 불과한 예수님의 짧은 공생애 동안 그분이 단지 선생이 아니라 병을 고치는 분이며 기적을 일으킨 분이라고 증거했다. 꾸란 역시 예수님의 이런 사역의 측면을 인정한다. 요한복음은 기적을 '표적'이라고 부르는데 메시지가 마치 수기 신호처럼 시각 언어화된 의도된 행동으로 나타난다. 그리고 이 표적이 예수님의 선포된 말씀들을 완성한다. 복음서의 메시지들은 예수님의 말씀과 행동이 모두 그분의 명백한 자기 신념을 가리킨다고 기록한다. 이는 곧 자신이 하나님이 보내신 선지자와 같은 이이며 심지어 하나님이 직접 인간의 몸을 입고 나타나신 존재라는 것이었다. 요한복음은 이를 다음과 같이 설명했다.

> 말씀이 육신이 되어 우리 가운데 거하시매 우리가 그의 영광을
> 보니 아버지의 독생자의 영광이요 은혜와 진리가 충만하더라.
> 요한복음 1장 14절

오늘날 누군가 이슬람 사원이나 교회에 서서 자신이 하나님과 동급이라고 선언한다면 큰 반발을 일으킬 테고 최악의 경우 폭동을 야기할 것이다. 그나마 사람들에게 연민 가득한 시선을 받으며 쫓겨나게 된다면 다행일 것이다. 그러나 역사는 이렇게 널리 존경받는 예언적 인물을 광자나 정신이상자로 치부하지 않았다. 왜 그랬을까?

복음서는 도덕성, 건전함, 온전함을 발현하는 대단히 '인간적인' 예수님을 묘사한다. 이렇게 '인간적인' 예수님에 집중하려는 유혹은 예수님에게서 신적 발언을 배제하고 대신 그분의 인성과 도덕성에 관한 독특한 가르침을 강조하는 움직임으로 이끌었다. 이런 움직임은 예수님의 사역에 따라오는 모든 초자연적인 전권을 거부한다. 그리고는 후대에 이르러 신화의 영역 안에서 '역사적' 예수와 전혀 관련이 없는 '종교적' 예수를 재창조한 것이라는 이론을 합리화하려 한다.[2]

이런 식으로 예수님을 비방하는 자들의 세계관에 더 잘 어울리도록 예수님의 본질은 왜곡되었다. 이러한 작업은 예수님의 신성을 신화화하는 데 적대적인 시각이 있음에도 불구하고 진행되었는데, 그 이유는 광범위한 인도주의의 호소력을 가진 예수님의 메시지에 깊이 공명할 수 있는 사회적이고 윤리적인 함의가 있기 때문이다. 하지만 복음서의 내용이 뒷받침하는 바, 예수님의 신적 주장을 그분의 '인간적' 진술과 감히 분리하기가 어렵다.

예수님을 광인 취급할 수 없는 또 다른 이유는 그와 정반대인 명백한 증거가 있었기 때문이다. 당대 사회에서 최고로 배웠다는 사람들과 논쟁할 때 그분의 명료한 추론과 기술, 그리고 로마 총독 빌라도가 그분에게서 정죄할 만한 것을 아무것도 찾지 못하고 오히려 그분을 향해 나타낸 존경심뿐만 아니라 그처럼 광범위한 사회 계층에서 제자들을 끌어모았다는 사실 등은 예수님이 그분을 가장 잘 아는 사람들에게 영감과 확신을 주셨다는 명백한 증거다.

역사를 통틀어 공포와 통제를 통해 충성을 이끌어 낸 지도자들의 사례는 아주 많다. 예수님이 그런 전술을 사용해 충성을 이끌어 냈다는 증거는 없다. 오히려 그분은 정반대로 하셨다. 예수님은 제자들을 낙담시키셨다. 한 부자 청년 이야기에서처럼 제자들에게 그들의 재산을 포기하라고 명하시거나, 시각 장애인이었다가 고침을 받은 바디매오나 거라사 지방에서 귀신 들렸던 남자에게 하셨던 것처럼 제 갈 길을 가라고 요청하신 것이다. 막 10:25; 5:18-19

그분의 탁월한 가르침이나 온전한 성품, 그리고 자신의 정체성과 관련해 그분이 하신 터무니없는 주장들 사이의 긴장을 해결할 수 있는 유일한 길은 어쩌면 그분의 주장이 진실일 수도 있다고 받아들이는 것이다. C. S. 루이스가 했던 유명한 다음의 제안처럼 말이다. "우리는 예수님을 좋은 분이라고 믿는 것 외에는 선택의 여지가 없다. 그분은 거짓말쟁이 사기꾼이거나 미치광이거나 …… 하나님이시다."[3]

우리는 이 책에서 예수님의 가르침 일부를 살펴보았다. 나는 마크 앨런이 이루어 놓은 문화적 구조의 도움을 받아 서툴게나마 예수님의 가르침들을 풀어 보고자 했으며 그렇게 함으로써 예수님 당시의 세계를 오늘날 아라비아 걸프의 세계와 연결하려고 시도했다. 하지만 이것은 그저 겉만 훑었을 뿐이다. 이제 필요한 것은 아랍인들이 자신들의 문화 프리즘을 통해 성경 본문에 어떻게 반응하는지 서구 교회가 관심을 기울이는 것이다. 데이비드 포드가 이끄는 케임브리지 신앙종교 상호 관계 연구 센터가 그런 연구 방법을 개척해 가는 중이다. 포드 교수는 서로 다른 신앙 공동체를 초대해 다른 이들의 종교 경전을 접해 본 반응을 기록하는 경전 추론의 사용법을 발전시켰다.

우리가 성경을 읽을 때 보통 그 본문을 문화적으로 신학적으로 어떻게 이해해야 한다는 기존의 전통에 따라 읽게 된다는 것을 명심해야 한다. 신선한 통찰력을 얻고자 한다면 어떤 형태의 '전통 조건' 없이 스스로 읽은 것을 해석하기 시작해야 한다.

이 책 서문에서 케네스 베일리의 작업을 언급했다. 나는 예수님이 원래 청중에게 하셨던 말씀의 근본적인 영향을 밝히기 위해 베일리가 사용했던 두 가지 도구를 설명했다. 바로 본문 분석과 민속학적 인터뷰였다. 베일리는 고대 중동의 본문을 연구하고 수많은 중동 마을 주민들을 인터뷰해서 그들의 문화에서 예수님의 이야기가 무엇을 의미하는지에 관한 신선한 관점을 얻었다. 베일리는 이집트 정교 콥틱 교회와 레바논 교회에서 고대 주석서와 관련한 풍부한 자료를 발견했다. 그렇다면 걸프 지역에도 이와 비슷한 본문 자료가 있을까?

대답은 조심스럽게 '그렇다'일 수 있다. 아라비아 걸프 지역에 성경 주석서의 보물 창고가 있다는 사실은 서구에 거의 알려지지 않았다. 수 세기 전, 기독교 교회는 아라비아 걸프 지역 전역에서 번성했다. 여기에는 아랍에미리트연합의 아부다비 연안에서 가까운 시르 바니 야스<sup>Sir Bani Yas</sup>섬에 있는 수도원도 포함되는데 이슬람 이전에 기독교가 존재했음을 입증하는 최초 증거다. 쿠웨이트의 파일라카섬이나 사우디아라비아의 동부 해안에 있는 주바일<sup>Jubail</sup>에서도 다른 교회들이 발견되었다. 이들은 동방 교회의 삶과 무관한 멀리 떨어진 소외된 공동체가 아니었다.

가장 중요한 신학자들과 예배학자들 몇몇이 바레인, 오만, 아랍에미리트연합의 아부다비, 카타르에 근거를 둔 수도원 공동체에서 나타났다. 이들 중 가장 위대한 인물은 아부다비 출신으로 추정되는 니느웨의 성자 이삭이었다. 그의 영성은 그를 전체 동방 교회 전통에서 가장 중요한 작가 중 한 명으로 만들었다. 심지어 오늘날까지도 동방 기독교 수도원 운동의 신학과 예전에서 가장 의미 있는 영향을 끼친 인물로 남아 있다.

비잔틴과 시리아 교회 기록도 걸프만 서쪽으로 다섯 개의 주교단이 존재했음을 드러낸다. 소하르<sup>오만</sup>의 주교와 카타르의 주교는 서기 325년 니케아 공의회<sup>사도행전의 공의회 이후 기독교 최초로 열린 공의회로, 알렉산드리아 출신 아리우스의 성자 종속론을 이단으로 배격하고 공식 파문했다-옮긴이주</sup>에서 채택된 니케아 신조라는 기독교 교리를 진술하는 데 중추적 역할을 한 서명자로 올라 있다.

서기 676년, 타루트<sup>Tarut</sup>사우디아라비아 동부에 있는 섬의 다린<sup>Darin</sup>에서 아라비아 지역 에큐메니컬 평의회가 열렸는데 네스토리안 교회의 동방 총주교인 조지, 베스 까트라예<sup>사우디아라비아 북동쪽 해안선, 카타르와</sup> <sup>예멘 지역 교구</sup> 대교구 주교인 토마스, 다린 주교인 이소야흐베, 트리한 주교인 세르기우스, 마지누예<sup>사우디아라비아 남동쪽 해안선, 오만과</sup> <sup>아랍에미리트연합 지역 교구-옮긴이주</sup> 주교인 스테파누스, 포우사이알-하사; <sup>사우디아라비아의 동부 오아시스 도시</sup>와 사힌하타; 아랍에미리트연합 두바이을 포함한 사우디아라비아의 다른 주교들이 참석했다.<sup>4</sup>

걸프만 남쪽 지역에 있는 교회들은 하나의 지역, 즉 교구로 조직되어 고대 시리아어로 '베스 까트라예<sup>Beth Qatraye</sup>'라고 불렸는데 현대 영어로 하면 '까타리인이 사는 집'이 된다. 사제들과 수도사들을 부를 때 그들의 출신지 지명을 따서 불렀다.

이들 학자들 가운데 다디쇼 까트라예가 있는데 마르 아브라함 수도원의 학식 있는 원장이자 훌륭한 저서들로 명성이 자자했다. 가브리엘 까트라예도 숙련된 성경학자였고 아브라함 까트라예 바르 리파히스<sup>리파히스의 아들 아브라함 까트라예-옮긴이주</sup>는 제사 의식 관련 작품으로 유명했다. 다음으로는 아이욥 까트라예가 있는데 그가 쓴 시편의 서문은 아랍어 성경 주석을 쓴 이븐 알 타입<sup>Ibn Al Tayyib, 1043년</sup> <sup>사망</sup>이 사용했다. 서구 교회에서 이슈파타 까트라예, 다린의 주교였던 제이콥 까트라예, 라반 바르 시드헤<sup>시드헤의 아들 라반-옮긴이주</sup>에 관해 들어 본 이들은 거의 없을 것이다. 하지만 이들 모두 아라비아 걸프에서 칭송받으며 교회의 신학과 실천에 지대한 공헌을 한 인물들이다. 시리아어와 아랍어로 기록된 이들의 현존하는 저서들은 아직 영어 번역본이 없다.[5] 이들의 성경 주석은 걸프 지역에 있는 초기 교회가 어떻게 아라비아 걸프 관점으로 예수님의 가르침을 이해했는지를 알 수 있는 통찰력을 제공해 줄 것이다. 성경학자들로서는 탐구해 볼 만한 풍성한 매개체가 될 것이다.

케네스 베일리가 사용한 두 번째 도구는 민속학 인터뷰인데 이집트나 레반트에 있는 농촌 공동체에 들어가서 수 세기 동안 삶의 방식이 거의 변하지 않은 노인들을 상대로 질문했다. 문화적 차이 때문에 오만의 아랍인들과 서구인들이 예수님 이야기를 완전히 다른 차원에서 이해할 수 있다. 물론 이들의 해석 모두에는 예수님이 전달하시려고 했던 원래 의도가 담겨 있다.

아라비아 걸프의 다수 지역이 무시무시한 속도로 근대화되고 있지만 아직도 수 세기 동안 변하지 않는 삶의 방식을 자랑하는 전통적인 공동체들이 존재한다. 이렇게 풍부한 전통을 유지하는 공동체들이 예수님의 비유에 어떻게 반응하고 해석하는지 케네스 베일리의 방법론에 따라 살펴보는 작업은 아주 흥미로울 것이다. 동시대 걸프 아랍인들이 예수님의 가르침을 어떻게 이해하고 또 그에 반응하는지 연구하여 발표한 자료는 현재까지는 없는 상태다.

종교 간 대화에서 떠오르는 하나의 방법론으로 경전 추론 사용이 있다. 아라비아 걸프 지역에서는 여전히 새로운 개념이지만 종교 간 관계에서 모범 사례를 개발하기 위해 마련된 오만의 알 아마나 연구소<sup>Al Amana Institute</sup>에서 효과적으로 사용되고 있다. 경전 추론은 전 세계적으로 퍼져 나가는 종교 간 대화의 한 형태다. 케임브리지대학교의 데이비드 포드 교수가 개척했는데 그가 설명한 과정은 다음과 같다.

> 경전 추론은 소그룹으로 모여 공동으로 신성한 경전을 읽는 관행이다. 일반적으로 경전 구절을 먼저 선택한 뒤 유대인, 기독교인, 무슬림을 특별한 사안, 주제, 이야기, 이미지 등으로 연결한다. 참가자나 '추론자'가 이런 식으로 함께 읽으면 상당히 심도 있고 때로는 놀랄 만한 새로운 대화와 관계가 열린다. 이러한 접근법은 대학의 학풍에서 그 기원을 찾아볼 수 있으며 상당한 이론적 관심을 불러일으키고 있다. 또한 다른 신앙을 가졌지만 각자의 경전을 놓고 이웃으로서 동료 시민으로서 함께 '시민 운동'으로 만들어 가고 있다. 물론 쉬운 일은 아니지만 이렇게나마 변화의 의지가 있음을 증명하는 것이다.[6]

따라서 이 책의 마지막 도전 과제는 예수님의 가르침을 읽고 해석하는 방법을 서로가 서로에게 배우는 것이다. 서구 교회는 예수님이 원래 청중에게 말씀하셨던 중동 문화의 기반을 충분히 이해하지 못한다. 그래서 우리는 예수님의 말씀과 행동을 바라보는 아랍의 시선과 목소리에 귀 기울여 새로운 관점을 얻어 내야 한다. 그러기 위해 가장 먼저 해야 할 일은 기독교인들이 복음서가 대화를 시작하기 좋은 출발점이라는 사실을 아랍 무슬림 친구들에게 확신시키는 것이다. 무슬림들은 복음서를 오류가 있어 신뢰할 수 없다고 일축하는 것은 잘못된 결론이요 불안정한 지식임을 인정해야 한다.

이는 기독교인들도 마찬가지다. 꾸란을 정중하게 살펴보고 해석하고 이해함으로써 텍스트가 전달하려는 내용이 무엇인지 마음을 열고 보아야 한다. 우리가 먼저 겸손히 이런 자세를 가진다면 무슬림들 또한 자신들의 텍스트를 새로운 관점으로 바라보게 될 것이다.

**부록**

o

1

# 성경 훼손 문제

유대인과 기독교인의 성경 훼손 가능성에 대한 문제 제기는 대단히 중요하다. 유대-기독교 공동체의 문서적 기원이 신뢰와 진정성을 잃는다면 예수님의 가르침에 많은 이들이 마음을 열지 않을 것이다. 꾸란이 언급하는 예수님은 그분의 가르침보다는 그분의 인간됨과 더 관련이 있기 때문이다.

정통파 이슬람은 알라에 대한 네 가지 구체적인 계시가 있었다고 가르친다. 이들 계시는 매우 특별한 선지자들히브리어로 '나비'을 통해 기록된 문서의 형태로 인류에게 전달되었다. 이 문서들은 모세를 통해 계시된 타우라트taurat(토라); 구약 성경의 처음 다섯 권, 즉 창세기, 출애굽기, 레위기, 민수기, 신명기, 다윗왕다우드에게 주어진 자부르Zabur; 시편, 예수님으로 인해 기록된 인질Injil; 복음서, 무함마드 선지자에게 주어진 최정점에 있는 최종적인 계시인 꾸란이다. 마지막 계시인 꾸란은 하나님에게서 이미 받은 계시인 이전 문서들을 참고한 것이 분명하다.

이처럼 꾸란에 앞선 계시들을 크게 존경하면서 어째서 무슬림들은 성경이 훼손되었다는 의심을 하는 것일까? 제프리 패린더Geoffrey Parrinder가 이 의문점을 신중하게 짚어 보았다.

> 꾸란에는 예수님이 전하신 복음이 기독교인들이 갖고 있는 정경 복음서와 다르다는 가정이 없다. 이것은 후기 무슬림 논쟁의 관점에서 중요한 관건이었다. 실제로 꾸란은 '하나님이 복음서의 백성을 그 안에 보내신 기준에 따라 심판할 것'을 명한다.꾸란 5:47 이는 그들이 복음서를 소유하고 있다고 말하며꾸란 7:157 그 안에서 말하는 메시지 전달자를 따르라고 촉구한다. 꾸란 자체가 자기 앞서 있었던 성경을 확증하고 그것의 수호자로서 행하기 위해 보내진 것이다.꾸란 5:481

앞에 인용한 마지막 쑤라에 담긴 의미는 만약 복음서가 훼손되었다면 꾸란이 앞선 계시들을 보호해야 할 자신의 임무에 실패했다는 의미 아닐까? 분명 무슬림들은 아니라고 응답할 것이다. 그럼 꾸란은 과연 성경이 변질됐거나 훼손됐다는 타흐리프 주장에 어떻게 반응할까? 꾸란 45장은 이렇게 말한다.

> 그리고 알라는 그들<sup>유대인들</sup>에게 종교의 문제들에 관한 명확한
> 표식들을 주었다. 그들에게 지식이 부여되고 나서 그들 가운데
> 무분별한 시기심과 질투 때문에 분열에 빠졌다. 그들이 의견을
> 달리했던 문제들에 관해 진실로 주님은 심판의 날에 그들
> 사이에서 심판하실 것이다.
>
> 꾸란 45장 17절

주석 없이 읽으면 이 장은 유대인의 계시를 해석하는 데 차이점들이 존재했고 그 차이가 분열과 종파주의를 낳았다고 인정한다. 물론 유대인은 토라의 수호자였지만 꾸란의 어떤 내용도 기록된 본문 자체가 변질됐다고 암시하지 않으며 오직 유대인들이 그들에게 주어진 지식을 두고 그들 사이에 분열이 있었다고만 한다.

다음으로 꾸란은 기독교인들에 관해서 '그들은 서로 종파가 다르다. 다가올 심판 때문에 그들에게 화 있으리라'고 계시한다.<sup>꾸란 19:37</sup> 주석 없이 읽으면 꾸란은 적대적인 분파들로 심하게 분열돼 유감스러운 상태에 이른 기독교인들의 모습을 드러낸다. 여기에는 성경 본문 자체가 훼손됐다는 어떤 암시도 없다. 하지만 많은 무슬

림들은 이를 유대인들과 기독교인들에게 주어진 성경 본문이 변했다는 뜻으로 계속해서 이해한다. 패린더는 이에 관한 이슬람의 견해를 다음과 같이 요약한다.

비루니 같은 일부 학자들은 유대인과 기독교인이 실제로 성경 본문을 변조했다고 선언했다. 하지만 타바리Tabari, 이븐 칼둔Ibn Khaldun 등 다른 사람들은 단어를 잘못 해석한 것이라고 말했다. '타흐리프'는 원래 본질로부터 사물을 바꾸었다는 의미다. 하지만 어떤 사람도 하나님이 주신 단어를 바꿀 수 없다. 따라서 대부분 기독교인들은 하나님의 말씀의 의미를 부정확하게 말함으로써 훼손을 일으켰을 뿐이다. …… 근대에 들어서 인기 있는 논쟁들은 복음서를 훼손한 것을 두고 기독교인들을 비난하기도 하지만 무슬림 주석가들 중에는 텍스트를 함부로 바꾸었다기보다는 설명이 잘못되었다는 견해를 더 선호하는 이들이 있다. 싸이이드 아흐마드 칸Sayyid Ahmad Khan은 최초의 성경 주석서를 쓴 무슬림으로, 이런 견해를 따름으로써 기독교인과 무슬림의 해석을 일치시키려고 노력했다. 또 다른 작가들은 이렇게 말한다. "꾸란에서 '타흐리프'란 무함마드를 담고 있는 구절들이 잘못 해석되었거나 모세오경에 명시된 율법들이 그다지 강조되지 않았을 경우를 의미한다. 성경 본문으로 말하자면 그것은 변개되지 않았다. …… 이를 대신할 다른 책은 있을 수 없다."[2]

정통파 이슬람은 복음서들이 책의 형태로 등장했으며 그것은 예언의 메시지로 예수에게 주어진 책이라고 가르친다. 마태, 마가, 누가, 요한이 전하는 복음서를 가지고 있는 신약 성경은 기독교인들이 예수에게 주어진 복음서를 잃어버렸다는 이슬람의 의혹을 확증해 주는 듯하다. 서기 781년 알 마흐디al Mahdi; 이슬람 압바스 왕조의 3대 통치자와 네스토리우스파 대주교 디모데 사이에 있었던 대화 기록이 증명하는 것처럼 이것은 새로운 의혹이 아니다.

알 마흐디가 주교에게 묻는다. "누가 당신에게 복음서를 주었고 그것을 예수님의 승천[3] 전에 받았습니까?"
요점은 분명하다. 승천 전에 주어졌다면 기독교인 손에 있는 복음서가 승천 후에 기록되었다는 것을 증명하는 것이고 그러면 기독교인 손에 있는 책들은 진정한 복음서가 될 수 없다.
디모데 주교는 이에 함축된 의미를 알기에 이 질문에 이렇게 답변한다. 그는 복음서가 승천 전에 주어졌다고 말한다. "복음서는 예수 그리스도의 사역과 말씀의 경륜을 진술하고 있기 때문에 그리스도의 사역이 완성될 때 그분의 구체적인 말씀이 승천 전에 우리에게 전달되었습니다." 그리고 더 나아가 복음서가 천국에 관한 설교 모음이라면 확실히 승천 전에 왔다고 답한다. 하지만 알 마흐디는 그 문제를 아무런 의심 없이 받아들일 수 없었기에 마태와 마가와 누가와 요한이 부분적으로 복음서를 쓴 게 아닌지 묻는다. 이에 대해 우리는 그들이 직접 듣고 보고

그리스도에게서 배운 것을 기록하고 전했다고 답할 수 있다.[4]

현명한 주교는 복음서가 책이 아니라 그리스도의 메시지이자 인격임을 강조한다. 신약 성경에 이 같은 기록이 있고 이를 기록한 저자들이 증인들이었다. 영국 더비에 있을 때 나도 무슬림 친구에게 이것을 설명한 적이 있는데 그는 사려 깊은 반응을 보였다. "그럼 마태, 마가, 누가, 요한은 하디쓰를 쓴 사람들과 비슷하다는 뜻인가?"

하디쓰는 무함마드 선지자의 말과 행동을 목격한 이들이 기록한 이슬람의 모음집이다. 이것은 하늘로부터 받은 하나님의 메시지를 문자 그대로 받아쓰기 한 꾸란과는 상당히 대조적이다. 내가 친구의 의견을 받아들이긴 했지만 덧붙여야 할 말이 있다. 무슬림들이 꾸란을 자기 신앙의 권위 있는 주요 원천으로 여기는 것과 똑같은 방식으로 기독교인들은 복음서를 권위 있고 신적 영감으로 기록된 성경으로 여긴다는 사실이다.

그런데 '바나바 복음서'가 등장하면서 더 심한 혼란이 일어났다. 이슬람 세계에서 이 본문이 인기를 얻은 이유는 이 책을 신약 성경 사도행전에서 사도 바울과 함께 여행했던 예수님의 제자인 바나바가 썼다는 주장 때문이었다. 이 복음서는 예수님이 아닌 무함마드를 메시아로 묘사하고 사도 바울이 예수님의 원래 메시지를 훼손했다고 주장한다. 이러한 점을 미루어 바나바 복음서를 초대 교회가 잃어버린 참된 복음서라고 비판없이 받아들였다.

바나바 복음서가 처음 등장한 것은 1709년 네덜란드였지만 실제로 인기를 얻은 것은 1960년대 우르두어<sup>인도·유럽 어족의 인도·이란어파</sup>에 속한 언어. 현재 파키스탄과 인도의 공용어 가운데 하나-편집자주로 번역되고 파키스탄 이슬람 부흥 운동가 아불 알라 알 마우두디<sup>Sayyid Abul Ala al-Maududi</sup>의 지원을 받으면서였다. 영어 번역본에는 비평적인 주석이 들어 있는데 왜 이 복음서를 날조 작품으로 제거했어야 했는지 몇 가지 이유들을 언급한다. 이슬람 학자들은[5] 바나바 복음서가 제거된 까닭은 주로 중세 시대로 소급되는 사회학적, 문화적 언급 때문이라고 본다. 쿠퍼<sup>Cooper</sup>가 다음과 같이 보기를 제시한다.

> 예를 들어 라이벌 연인들 사이의 결투 같은 관행은 중세 사회에
> 만들어진 것이다. 1266-1321년에 살았던 단테<sup>Dante</sup>에게서
> 인용한 문장들도 바나바 복음에서 많이 발견할 수 있다. 또한
> 포도주 통나무 통을 굴리는 성전 병사들을 언급하는데 이런 나무
> 통은 갈리아 지방<sup>Gaul; 오늘날 프랑스와 북부 이탈리아 지방-옮긴이주</sup>에서
> 발명되었고 신약 성경 시대 중동에서는 사용하지 않았다.[6]

계시를 받는 방법을 이해하는 것도 다르다는 점을 따로 언급할 필요가 있다. 이슬람에서 꾸란의 계시는 하늘로부터 주어진 말을 하나도 빠트리지 않고 있는 그대로 받아쓰기한 것으로 받아들여진다. 이 때문에 꾸란을 아랍어가 아닌 다른 언어로 해석하는 것은 '신성하지 않은' 일로 간주한다. 무슬림들은 고전 아랍어로 기록된

꾸란 한 장을 암송하는 것이 알라의 임재로 나아가는 가장 확실한 일이라고 믿는다.

이와 달리 기독교인들은 신적 계시는 반드시 인간적인 통로를 거쳐 중재된다고 믿는다. 그 과정에서 하나님의 메시지는 불가피하게 받아들이는 사람들의 문화와 언어로 번역된다. 즉 기독교인은 제대로 잘 번역된 성경 아래 실린 각주[비평 색인7] 등의 설명으로 무언가 불확실한 내용이 있다 해도 주의 깊게 기록해 두었기 때문에 메시지의 원천은 변하지 않은 상태로 남아 있다는 증거를 제공할 수 있다. 성경의 몇몇 판본에 존재하는 이런 비평 색인은 무슬림의 타흐리프 의심을 확증해 주는 것처럼 보인다. 하지만 기독교인은 비평 색인이 성경 문서들을 신중히 관리해 온 증거라고 강조하며 실제로 그것들은 예수님의 가르침이 정확하게 보존되었음을 증명하는 역할을 한다. 다양한 읽기가 존재하는 경우 그들 중 어느 하나도 이미 판독된 메시지의 본질을 변질시키지 않는다.

심지어 같은 언어로 된 성경의 다양한 판본들 역시 혼란을 야기한다. 무슬림 친구들은 종종 내게 신약 성경의 서로 다른 영어 번역본을 보여 주면서 어떤 책이 진리를 담고 있는지 내 의견을 물었다. 이들 영어 판본의 대다수는 헬라어, 히브리어, 아람어로 된 최초 사본을 번역한 것이다. 그들은 어색하고 딱딱한 본문을 만드는 직역보다는 메시지가 담고 있는 의미를 최대한 전달하고자 애쓴 것이다.

결론적으로 타흐리프는 실제로 성서의 교리를 말로 해석하는

과정에서 유대인과 기독교인들이 분열했다는 사실을 보여 주는 것
이지 성경 자체가 물리적으로나 문자적으로 변질되었다고 보지 않
는다. 학자들은 유대-기독교 성경이 일관성 있게 보존돼 왔다는 데
의견[8] 일치를 보인다.

○

2
## 십자가 처형에 대한
## 이슬람의 견해

이슬람과 기독교의 차이점 중 하나는 '그리스도가 십자가에 못 박혔을 때 무슨 일이 일어났는가?'라는 질문에 관한 것이다.

신약 성경의 모든 복음서들은 이야기의 절정에 그리스도의 고난을 담고 있다. 복음서에 따르면 예루살렘으로 올라가실 때 그분은 자신을 기다리는 것이 무엇인지 이미 아셨다. 예루살렘에 입성해서 곧이어 체포와 심문이 이어지는데 그분이 유죄 판결을 받은 것은 신성 모독 때문이었다. 로마의 지방 총독 본디오 빌라도라는 매정한 정치 실용주의자는 예수님을 풀어 주려 했지만 결국은 군중을 달래기 위해 그분에게 사형을 선고한다. 그리스도는 고난을 당하다가 마침내 십자가에 달려 고통스런 죽음을 맞으신다. 복음서는 그리스도가 죽은 자들로부터 일어나 제자들에게 자신을 드러내고 진짜 살아나는 것으로 절정에 이른다.

### 예수는 정말 십자가에서 죽었는가

기독교인들이 무슬림에게 왜 예수가 죽어야만 했는지 설명하는 것은 여간 곤혹스러운 일이 아니다. 예수님의 무죄를 강조하거나 대신 죽음을 당했다는 속죄 이론이 무슬림들에게 '의'로 받아들여지지 않기 때문이다. 예수 그리스도가 유죄를 위한 종교 율법의 요구를 제대로 집행하거나 만족시키기 위한 목적으로 죽었기 때문에 죄가 없다는 논리는 이들에게 터무니없는 것이다. '의'는 이슬람의 핵심 주제다. 간단히 말해서 하나님이 무고한 사람으로 하여금 죄 지은 사람을 대신하게 허락하시는 것은 '의로운' 하나님의 본질에 맞지 않는다는 것이다. 그래서 기독교인들이 성 금요일이라고 부르는 그 운명의 날에 실제로 예수님께 일어난 일에 대안적인 서사를 찾기 위해 많은 노력이 이루어졌다.

기독교 신앙에서 예수의 죽음이 의미하는 중요성과 비교해 보앉을 때 이 주제를 다루는 꾸란의 본문은 빈약하다. 십자가 처형을 다루는 꾸란의 내용은 상세하지 않다. 꾸란에서 이 주제를 직접 다루는 유일한 구절은 다음과 같다. "그들은 그를 죽이지 않았고 그를 십자가에 못 박지 않았다. 단지 그들에게 그렇게 보였을 뿐이다."꾸란 4:157

언뜻 보기에 이것은 십자가에 못 박히심을 직설적으로 부인하는 내용이기 때문에 기독교인과 무슬림 사이에 상반된 관점이 존재하고 있음을 알려 준다. 하지만 이 구절은 무언가 석연치 않으며 그리 단순히 매듭지을 사안이 아니다. 여기에 몇 가지 질문을 제시해 볼 수 있다. 토드 로슨Todd Lawson은 그의 작품 *The Crucifixion and the Qur'an*십자가 처형과 꾸란에서 수 세기 동안 이 구절에 대해 이슬람이 내놓은 다양한 해석을 부각시킨다. 그는 자신의 견해를 다음의 세 가지 범주로 요약한다.

1. 아무도 십자가에 못 박히지 않았다.
2. 예수는 십자가에 못 박혔지만 이것이 일어난 건 하나님이 그렇게 결정하셨기 때문이다. 그것은 유대인들이 음모를 꾸민 결과가 아니다.
3. 예수가 아닌 다른 사람이 십자가에 못 박혔다. 이것이 오늘날 무슬림 세계에서 가장 보편적으로 받아들여지는 견해다.[1]

그러면서 꾸란의 백과사전에 등장하는 권위 있는 토론 내용을 인용한다.

꾸란에서 예수의 죽음을 어떻게 규정하는지 단정지어 말하기는
어렵다. 그러나 세 가지는 확실하게 말할 수 있다. 첫째, 꾸란은
예수님의 죽음에 어떤 구속적 중요성을 부여하지 않는다. 둘째,
사흘 만에 부활하셨음을 언급하지 않는데 죽은 사람들을 살리는
하나님의 능력에 그런 증거는 필요 없다 생각하기 때문이다.
셋째, 유대인들은 자신들이 예수님을 죽였다고 생각하지만
하나님의 관점에서 볼 때 그들은 그분을 죽이거나 십자가에
못 박지 않았다. 이외의 어떤 생각도 그저 다 추측에 지나지
않을 것이다. 고전 주석가들은 일반적으로 꾸란 4장 157절이
예수님의 십자가 죽음을 명백히 부인한다는 전제로 시작한다.
그들은 예수와 외모가 닮은 대리자에 대해 전해져 내려오는
이야기와 예수의 다음 후손에 대해 적어 놓은 하디쓰를 통해
확증할 수 있다고 한다. 결국 위의 한 구절로 예수의 죽음에
대한 꾸란의 다른 구절들을 해석하는 것이다. 그런데 만약
선입견을 가지지 않은 상태에서 다른 구절들을 먼저 주의 깊게
검토하고 나서 꾸란 4장 157절을 이 연구를 바탕으로 해석해
본다면 어떨까? 그 구절들이 부정하는 것은 하나님이신 예수의
죽음이 아니라 예수의 죽음으로 모든 것이 끝났다고 생각하는
것이 잘못되었다고 말하는 것이다. 예수는 부활했으므로-편집자주
다시 말해 예수가 실제로 죽은 것은 맞고 그 죽음으로 끝나지

않았다고 해석할 수 있다. 외모가 비슷한 대리자가 십자가에 못 박혀 죽었다는 전통적인 보고는 영지주의 기독교인들을 접촉한 사람들에게서 기원했을 것이다. 그들은 이맘<sup>이슬람 종교 공동체의 지도자-옮긴이주</sup>들의 운명에 대해 초기 시아파의 추론에 뭔가 큰 도움을 받고 있었을지도 모른다.[2]

그래서 우리는 꾸란 4장 157절을 검토하고 앞에서 언급한 몇 가지 개념을 탐구해 복음서의 진술과 꾸란의 진술이 조화를 이룰 가능성이 있는지 알아볼 것이다.

## 꾸란은 십자가 처형을 어떻게 바라보는가

첫째, 꾸란은 십자가 처형이 있었다는 것을 알고 있었고<sup>꾸란 4:157</sup> 예수님이 이 십자가 처형과 관련이 있는지를 두고 논쟁한 것으로 보인다. 십자가 처형의 존재를 부인하는 것이 아니라, 오히려 특정 그룹의 사람들이 그를 죽이는 데 책임이 없다거나 그것이 환상이라는 사실이 잘못되었다고 부정하는 것이다.

그렇다면 꾸란이 암시하는 '그들'은 누구일까? 전체 구절의 정황에 따르면 꾸란이 유대인에 관해 말하고 있음이 분명하다. 꾸란 4장 153절은 책의 백성에 대해 말하면서 그들의 선지자 모세를 언급한다. 이것은 문제의 157절로 이어지고 160절에서 '유대인의 악행'의 언급과 함께 결론을 맺는다. 따라서 논쟁의 여지가 있는 157절은 유대인들이 예수를 죽이거나 십자가에 못 박은 게 아니라는 뜻이다.

유대인 율법에서는 십자가 처형을 절대 금지했는데 특히 여러 날 죽은 시체를 전시하지 못하게 했다.[3] 유대인은 보통 '투석'으로 사형을 집행했다. 희생자는 허리까지 땅에 묻혔고 그다음에 큰 바위를 죄인에게 던져 몸과 두개골이 짓이겨지게 했다.

로마 점령하에서 유대인들은 권리에 제한을 받았다. 로마인들이 궁극적으로 법적 권한을 독점했고 그들이 내리는 판결이 곧 정의였다. 그들은 유대인들이 스스로 분쟁을 관리하게는 허락했지만 사형을 집행할 권리는 주지 않았다. 당시 예수님께 판결을 선고한 것은 로마인들이었다. 로마인들은 사람을 못 박는 일에 전문가들이었고 역사가들은 팍스 로마나Pax Romana를 위반한 사람들에게 무슨 일이 일어났는지를 암울한 어조로 설명하며 수십 마일에 거쳐 로마제국의 도로를 따라 십자가에서 처형된 희생자들이 걸려 있는 모습이 얼마나 공포스러웠는지를 증언한다.

앞에서 언급한 것처럼 십자가 처형에 반대하는 근본적인 이유는 하나님께서 그분이 보내신 선지자들의 대적들이 그분의 뜻을 이기도록 허락하실 리 없다는 것이다. 하나님의 뜻은 유한한 존재들에 의해 훼손될 수 없으리라는 가정 때문이다. 따라서 어떤 사람도 하나님이 택하신 자인 그리스도를 죽였다고 주장할 수 없으며 사람이 하나님의 계획에 끼어든다는 것은 하나님이 전능하거나 위대하지 않다고 주장하는 것이기 때문에 이러한 일은 있을 수 없다.

기독교인 역시 이러한 관점에 깊이 공감한다. 무슬림들만큼이나 기독교인들은 하나님의 방법이 우리의 것보다 더 높으며 어떤 것도 그분의 계획과 목적을 이기지 못한다고 확신한다. 그래서 기독교인은 십자가 처형을 하나님의 '실패'로 보지 않으며 인류가 하나님의 계획에 개입하거나 변화시킬 수 있는 힘이 있다고도 보지 않는다. 오히려 기독교인들은 예수님의 죽음이 하나님의 신적인 뜻에 따라 하나님이 계획하시고 의도하신 일이라고 이해한다. 즉 하나님이 어떤 이유가 있어서 이 비극적 사건을 일어나도록 용인하고 허락하신 것이다. 무슬림들은 십자가를 부끄러운 비극으로 보는 반면 기독교인들은 십자가를 하나님의 긍휼과 자비의 장엄한 표현으로 본다.

이것은 참으로 역설적이며 온전한 진실이다. 그래서 다른 사람들뿐만 아니라 기독교인에게도 신비로운 사실로 남아 있다. 하늘과 땅의 창조주이신 하나님이 '스스로' 십자가 처형이라는 모욕을 당하셨다. 이러한 이해는 사람들이 가진 권력으로 하나님의 뜻을 꺾을 수 없다는 시나리오에 대해 무슬림들이 가지고 있는 신학적 관점을 드러낸다. 인간은 하나님이 허락하시지 않는 한 하나님을 능가하는 능력을 가지지 못한다.

복음서의 기록에 따르면 예수님의 죽음은 우연하게 벌어진 사건이거나 무차별적으로 행해진 폭력과 불의의 행위가 아니라 오히려 하나님이 악을 이기시는 수단이었다. 예수님은 이 길을 따름으로써 하나님께 순종하신다. 우리는 복음서를 통해 이 모든 길에 대한 단서를 얻는다. 예를 들어 보자.

> 예수께서 예루살렘으로 올라가려 하실 때에 열두 제자를 따로
> 데리시고 길에서 이르시되 보라 우리가 예루살렘으로 올라가노니
> 인자가 대제사장들과 서기관들에게 넘겨지매 그들이 죽이기로
> 결의하고 이방인들에게 넘겨주어 그를 조롱하며 채찍질하며
> 십자가에 못 박게 할 것이나 제 삼일에 살아나리라.
>
> 마태복음 20장 17-19절

마가복음에서 예수님이 자신을 희생하시는 목적을 더 자세하게 설명한다.

> 인자가 온 것은 섬김을 받으려 함이 아니라 도리어 섬기려 하고
> 자기 목숨을 많은 사람의 대속물로 주려 함이니라.
>
> 마가복음 10장 45절

예수님이 자신에게 어떠한 일이 다가오는지 명확히 보셨음을 제자들과 하신 마지막 식사에서 알 수 있다. 그분께는 달아날 만한 시간과 기회가 충분히 있었다. 그분은 감람산에서 잡히셨는데 그곳에서 체포하러 오는 경비병들을 볼 수 있었다. 어두웠기 때문에

충분히 숨을 수 있었지만 그분은 숨지 않으셨다.

때로 성찬식 혹은 성만찬, 주님의 만찬으로 불리는 마지막 만찬을 재연하는 의식에서 교회는 다음과 같이 회상하며 기념한다.

> 또 떡을 가져 감사 기도하시고 떼어 그들에게 주시며 이르시되
> 이것은 너희를 위하여 주는 내 몸이라 너희가 이를 행하여 나를
> 기념하라 하시고 저녁 먹은 후에 잔도 그와 같이 하여 이르시되 이
> 잔은 내 피로 세우는 새 언약이니 곧 너희를 위하여 붓는 것이라.
>
> 누가복음 22장 19-20절

마침내 예수님은 로마 총독 본디오 빌라도에게 비난받고 나서 이렇게 말씀하셨다. "위에서 주지 아니하셨더라면 나를 해할 권한이 없었으리라."요 19:11

다시 말해 이 엄청난 비극을 허락하신 이는 하나님이셨다. 복음서의 목격자들은 예수님의 마지막 순간을 다음과 같이 기록했다. "예수께서 신 포도주를 받으신 후에 이르시되 다 이루었다 하시고 머리를 숙이니 영혼이 떠나가시니라."30절

아무도 예수님께 그 길을 선택하라고 강요하지 않았다. 그분은 자신의 운명을 알고 있었고 자기 목숨을 버리기로 스스로 결정하셨다. 아무도 그분께 강요하지 않았다.

한편 꾸란 4장 157절에 대한 또 하나의 해석은 유대인들이 예수님을 죽이거나 십자가에 못 박지 않았다는 것이다. 비록 그렇게 보

일지라도 그들에게는 그렇게 할 만한 능력이 없었다. 대신 로마인들은 하나님의 능력과 뜻에 따라 예수님을 사형했다.

해석의 차원에서 가장 많은 질문을 제기하는 것은 이 장의 마지막 부분이다. 이들 단어들을 '그분이 십자가에 못 박히신 것으로 그들에게 보일지라도'로 번역한다. 앞에서 이미 본 대로 이 마지막 구절은 인간이 하나님의 신적인 중재자를 처형할 수 있다는 개념을 가리킨다. 이슬람은 이 개념에 반감을 드러내는데 이는 기독교인들도 마찬가지다. 따라서 그런 식으로 보였다고 강조하지만 실제로는 하나님의 뜻이 전부였다.

정통파 이슬람 안에는 십자가 처형을 이해하는 데 인기 있는 대체설Substitution Theory이라고 알려진 다른 해석이 있다. 그것은 하나님이 무고한 사람특히 그분의 충실한 선지자 중 한 사람을 죽게 내버려 두지 않으시리라는 믿음을 보여 주는 것인데 하나님이 예수를 예수처럼 보이는 사람으로 바꾸셨다는 것이다. 십자가에서 예수님을 대신한 사람에 관해 다양한 견해들이 있지만 유력한 후보자는 유다로, 예수님을 경비병들에게 팔아넘긴 배신으로 상당한 죄책감을 가진 대리자다.

이 시나리오에서는 그다음에 예수님이 구출되고 그분과 닮은 희생자가 그분을 대신해 뒤이어 대리자로 처형된다. 이 순간 하늘로 올라간 예수님의 승천이 효력을 발휘하며 이제 무슬림들은 하나님의 심판과 통치를 구현하기 위해 마지막 때에 그분이 육체로 다시 오실 것을 기다린다. 이런 개념은 꾸란을 번역한 몇몇 영어 해석본들에까지 이어진다.

1. 오직 그와 유사한 것이 그들에게 보였다.[4]
2. 하지만 그분은 그들을 위해 위조된 것이다.[5]
3. 그분은 비슷한 모습으로 표현되었다.[6]
4. 그들에게는 똑같이 보이게 만들어졌다.[7]

꾸란 4장 157절 후반부의 번역에서 놀라운 점은 가장 근대의 무슬림 번역본압델 할림본에서는 이 장면에 대해 아랍어의 모호성을 유지하는 반면에 비무슬림 번역가들은 대리자가 있었다고 확신한다는 점이다. 이 구절을 대리자의 존재로 해석한 것은 애초에 기독교인이 한 일이다. 토드 로슨은 이를 다음과 같이 강조한다.

십자가 처형에 관한 논의에서 자주 간과되는 요소가 이를
부인하는 해석의 역사다. 다시 말해서 꾸란 4장 157절에 들어
있는 해석은 사실상 예수님의 십자가 처형의 역사성을 부인한다.
이런 해석에 대한 최초의 텍스트 증거가 무슬림에 의한 것이
아니었음을 인식하는 것이 중요하다. 그것은 오히려 마지막
위대한 교부 다메섹의 요한749년 사망의 펜에서 나온 것이다.[8]

로슨은 이단을 다룬 자신의 책에서 이 개념을 소개했다. 그는 이슬람을 기독교의 잘못된 형태로 보았다 대리자의 개념은 원래 '가현설'이라고

불리는 이단 운동에서 나타났다. 로슨은 이러한 초기 기독교 이단이 무엇인지 정의한다.

> '가현설'이란 헬라어 동사 '도케오dokeo; ~처럼 보이다'나 명사
> '도케시스dokesis; 외형'에서 파생한 단어다. 예수님이 십자가에서
> 실제로 고통당하신 게 아니라 그렇게 보였을 뿐이라는 견해를
> 말한다.[9]

역설적으로 아랍어에 가장 능통한 학자 다메섹의 요한은 꾸란 4장 157절에 대한 십자가형에 대한 부정적인 해석을 이슬람 학자들에게 전달했다.

토드 로슨은 자신의 책 *The Crucifixion and the Qur'an*십자가 처형과 꾸란에서 십자가 처형과 관련된 구절들을 다룬 이슬람 주석들을 광범위하게 조사했다. 그는 가장 이른 시기인 압달라 이븐 압바스Abd'Allah ibn Abbas에서 근대 시기를 거쳐 타바리Tabari에 이르기까지의 주석들을 전부 검토한 후에 다음과 같은 결론에 이르렀다.

> 꾸란은 예수의 십자가 처형 사건을 동조하거나 부인할 정도로
> 이 주제에 관해 충분히 말하고 있지 않다. 예수의 십자가
> 처형[10]이라는 주제에 관한 꾸란의 중립성이나 이 의문의 구절들을
> 무슬림들이 얼마나 다양한 관점으로 이해하는지 어떠한 작가도
> 제대로 설명하지 못했다.

무슬림은 십자가 사건을 매우 다양한 시각으로 바라본다. 십자가형은 일어난 적이 없었다는 철저한 거부에서부터 다른 누군가가 대신 자원하거나 하나님의 심판의 희생자로서 십자가에 달려 죽었다는 대체설에 이르기까지 다양하며 그 가운데는 역사적 예수가 십자가에서 정말 죽었다고 인정하는 견해도 있다.

○

3
그리스도의
정체성


기독교와 이슬람이 나뉘는 주요 지점은 '예수가 누구인가'에 관한 문제로 귀결된다. 이는 삼위일체라는 기독교 교리와 밀접한 관련이 있는데 하나님이 아버지와 아들과 성령으로 존재하신다는 주장이다. 무슬림들은 예수를 선지자로서 알라를 충실하게 섬긴 인물로 존경한다. 반면에 기독교인들은 예수가 위대한 선지자라는 이슬람의 견해를 인정하면서도 사람 이상의 능력이 있으시다고 주장한다. 즉 예수는 선지자에서 그치는 것이 아니라 하나님 자신의 신성한 현현이며 우리가 예배할 존재인 것이다. 반면 이 같은 개념을 무슬림은 매우 불쾌해한다.

오직 알라만이 예배받을 수 있고 알라이기 때문에 예배를 받을 자격이 있는데 피조물이나 사물이 그것을 가로챈다면 중죄를 저지르는 것이다. 그들에게는 예수를 '하나님의 아들' 즉 육체적 본성을 암시하는 존칭으로 높이는 것은 신성 모독이자 우상숭배로 여겨진다. 어떻게 사람이 우주를 창조하신 이의 본성으로 자신의 본성을 높일 수 있는가? 그것은 지나친 도약으로서 기독교인들이 그런 견해를 가질 수 있다는 사실이 무슬림에게는 진정 곤혹스러운 것이다.

꾸란에는 예수님이 신성한 삼위일체의 일부라는 기독교 주장에 관해 알라가 예수를 심문하는 장면이 있다.

알라가 말씀하셨다. "오, 마리아의 아들 예수여! 그대는 인류에게 알라 외에 그대와 그대 어머니를 또 다른 두 신으로 여기라고 말했는가?"[1]

꾸란은 삼위일체를 사실상 다신론<sub>여러 신을 믿는 것</sub> 개념으로 이해한다. 아들 예수를 어머니 마리아와 아버지 하나님의 연합의 결과로 여긴다는 점은 주목할 가치가 있다. 다신론을 가르친다는 혐의를 예수님은 완강하게 부인하셨다. 이슬람이 다신론을 비난하는 것은 기독교인도 진심으로 동의하는 사실이다. 우선, 기독교인은 단 한 분의 하나님이 있다는 믿음을 지닌 엄격한 유일신론자다. 또 마리아는 기독교 신앙에서 신으로 여겨진 적이 없었다. 이 책 앞부분에서 언급한 대로 하나님의 충실한 종으로서 자신을 예수님을 탄생시키는 도구로 사용하시게 내드렸기에 존경을 받는 것이다. 예수님은 하나님을 제외한 다른 어떤 것이 예배받을 수 있다는 생각을 물리치신다. 기독교인은 다른 것이 아닌 하나님만 예배한다.

그래서 이 장의 목적은 예수님이 하나님의 성육신[2]이라는 믿음과 긴밀히 관련된 삼위일체에 대한 기독교인의 이해를 명확히 하려 한다. 여기에서 기독교인과 무슬림의 신앙 사이에 큰 괴리가 있기 때문에 살펴볼 만한 중요한 주제라 여겨진다.

무슬림은 기독교인이 본질적으로 거룩한 신들의 가족을 기념하는 다신교 형태의 이교도라고 믿는다. 그들은 그리스도를 신적인 존재로 예배하는 것은 기독교 종교 역사에서 훨씬 후대에 이루어진 주요 이단이며 따라서 원래의 '참된' 메시지와 하나님께 헌신한 경건한 선지자로서 그리스도의 위격을 바꿔치기 한 것이라고 본다.

이 주제를 다룬 이슬람의 담론은 독실한 유대인 단일신론자였던 예수 역시 자신을 신으로 이해했을 것 같지 않다는 점을(이는 무슬림만큼이나 유대인에게도 상상할 수 없는 공포이므로) 강조한다. 또한 삼위일체라는 단어 자체가 구약이나 신약 성경 어디에도 나타나지 않는다는 점을 들어 이것이 분명 후대에 기독교 교리로 도입된 인위적인 구조라고 강조한다. 많은 이슬람 학자들의 관점에서 삼위일체는 예수님의 가르침 이후 나중에 덧붙여져 개정된 개념이라고 여긴다. 이에 대한 샬라비<sup>Shalabi</sup>의 견해를 아이읍<sup>Ayoub</sup>은 다음과 같이 표현한다.

> 기독교는 바울의 가르침과 이교도의 개념과 예배 절차 의식들의
> 복합물이다. 그는 포괄적인 도표를 제시함으로써 예수님의
> 탄생과 고난과 부활이 인도와 근동에 퍼져 있는 부처와 이교도
> 신들의 전설을 모델로 하고 있음을 보여 준다.<sup>3</sup>

비슷한 맥락에서 아부 자흐라<sup>Abu Zahrah</sup>는 기독교 신앙을 훼손시킨 세 가지 원인을 규명한다. 그것은 박해, 신 플라톤 철학, 로마 종교의 혼합주의적 성격이다.<sup>4</sup> 그렇다면 기독교인들은 이런 혐의에 어떻게 대응해야 할까? 삼위일체 신학을 포기하는 것은 기독교 신앙의 핵심을 버리는 것이다.

그리하여 기독교인의 출발점은 무슬림처럼 우리가 하늘과 땅을 창조하신 한 분 하나님을 믿는다는 것을 분명히 하는 데 있다. 꾸란의 첫째 장은 알라, 즉 하나님께 송영을 바치는데 이는 기독교인들도 전심으로 말할 수 있는 내용이다. 알 파티하'여는 것'을 의미는 다음과 같이 진행된다.

> 온 우주의 주 알라께 모든 찬미를 드립니다.
> 가장 자비로우시고 가장 자애로우시며
> 심판 날의 주권자

우리가 당신만을 경배하며 당신께만 도움을 간구합니다.

우리를 바른길로 이끌어 주소서.

그것은 바로 당신이 은총을 내리셨던 자들의 길이요,

당신의 진노를 받은 이들의 길이나

길을 벗어나 방황하는 이들의 길이 아니라.[5]

많은 공개 행사를 시작할 때 일반적으로 암송하는 꾸란에서 가장 중요한 이 송영에서 하나님을 묘사하는 모든 진술은 기독교인과 합의할 수 있다. 기독교인은 하나님이 우주의 주인이시고 사랑이시며 자비와 긍휼의 구현이라고 믿는다.

또한 기독교인은 심판의 날이 올 것이고 하나님이 바로 그날의 주인이시라고 믿는다. 우리가 예배하고 인도하심을 구하는 이는 바로 이런 하나님이시다. 기독교인은 하나님이 유일한 분이고 그분이 한 분이시라고 믿으며 이는 구약 성경에 뿌리를 둔 신조이다. "이스라엘아 들으라 우리 하나님 여호와는 오직 유일한 여호와이시니."신 6:4 이 믿음은 오늘날 교회 생활에서도 계속된다. 매주 주일 예배 의식이 엄격한 교회들에서 암송하는 니케아 신조는 '우리는 한 분 하나님을 믿습니다'로 시작한다. 예수님 자신도 분명 일신론자로서 하나님을 '우리 아버지'로 지칭하는 주기도문을 가르치셨다.

따라서 삼위일체론은 다신론이 아니라 한 분 하나님이 어떻게 역사를 통해 자신을 드러내셨는지에 대한 이해다. 한 분 하나님에 대한 교리는 복합적인 신적 존재를 제시하는데, 여러 모양으로 드러나긴 하지만 여전히 하나의 존재인 것이다.

아라비아반도에 사는 아랍 기독교인들은 수년 동안 이 사실을 무슬림 이웃들에게 설명하는 방법을 모색해 왔다. 개인적으로 가장 좋아하는 방법은 9세기 아랍 어린이들을 위한 교훈에 나오는데 어린이들에게 하나님이 태양과 같다고 가르치는 것이다. 태양은 빛과 열을 내뿜는 광구로 이루어져 있는데, 이들의 특성은 분명 다르지만 이들이 방출하는 것은 모두 똑같은 물질들이다. 다른 예로는 껍데기, 흰자, 노른자로 구성된 달걀이나 한 사람으로서 아버지, 아들, 사무원 등 별개의 역할을 수행하는 경우를 들 수 있다.

성경은 이런 개념을 뒷받침할까? 초대 교회에서 삼위일체를 널리 받아들였다는 종교적 정황이 있어야 한다. 삼위일체 사상은 문화적 혹은 종교적 진공 상태에서 출현한 것이 아니다.

기독교인들은 성경에 삼위일체라는 단어는 없어도, 복합적이지만 하나로 통합된 하나님이 일하고 계시는 모습을 나타냈다고 믿는다. 성경 전체에서 이런 증거를 발견할 수 있다. 예를 들어 창세기에서 발견되는 복수 대명사의 사용으로 하나님은 스스로를 '우리가', '우리를'로 칭하신다. 창 1:26 이것은 꾸란에서도 발견되는데 알라가 자신의 계시에서 자주 장엄 복수형왕족이 사용하는 '우리' 형태로 언급되는 것이다. 창세기에서 하나님의 히브리어 이름은 엘로힘Elohim인데 복수형이다.

하나님이 사람을 창조하실 때 하나님의 형상대로 사람을 창조하셨는데 남자와 여자를 창조하셨다. 창 1:27

로버트 모리<sup>Robert Morey</sup>는 히브리어에서 하나 됨이나 통합을 나타내는 단어 아홉 개가 있는데 이들 중 단 하나만 셀 수 없는 단일 단위로 사용된다는 점을 강조한다. 구약 성경에서는 이 단어를 하나님을 묘사하는 데 결코 사용하지 않는다. 대신 다른 히브리어 단어를 사용하는데 부분들이 통합되어 있는 개념을 암시한다는 것이다. 따라서 유대교 신앙의 신조는 아마도 이렇게 번역할 수 있을 것이다. "이스라엘아 들으라 우리 하나님 여호와는 '하나 됨을 이루신 분<sup>unity</sup>'이시다."<sup>신 6:4</sup>

구약 성경 전체에서 선지자들은 언제나 복잡한 통합체를 암시하는 하나님의 비전을 본다는 걸 알 수 있다. 예를 들어 아브라함은 "여호와<sup>볼 수 있는 하나님에 대한 유대인의 완곡어법</sup>"를 세 사람으로 본다. 다음의 이야기를 살펴보면 세 사람과 여호와 사이를 구별하지 않는다.

> 여호와께서 마므레의 상수리나무들이 있는 곳에서 아브라함에게
> 나타나시니라 날이 뜨거울 때에 그가 장막 문에 앉아 있다가 눈을
> 들어 본즉 **사람 셋**이 맞은편에 서 있는지라 …… 그가 이르시되
> 내년 이맘때 내가 반드시 네게로 돌아오리니 …… **그 사람들**이
> 거기서 일어나서 소돔으로 향하고 아브라함은 **그들**을 전송하러
> 함께 나가니라 여호와께서 또 이르시되 …… 내가 이제 내려가서
> 그 모든 행한 것이 과연 내게 들린 부르짖음과 같은지 그렇지
> 않은지 내가 보고 알려 하노라 **그 사람들**이 거기서 떠나 소돔으로

향하여 가고 아브라함은 **여호와** 앞에 그대로 섰더니.

창세기 18장 1-2, 10, 16-17, 21-22절


위대한 선지자 이사야는 하나님에 대한 자신의 비전을 다음과 같이 기록한다.

> 웃시야왕이 죽던 해에 내가 본즉 주께서 높이 들린 보좌에
> 앉으셨는데 그의 옷자락은 성전에 가득하였고 스랍들이 모시고
> 섰는데 각기 여섯 날개가 있어 …… 서로 불러 이르되 거룩하다
> 거룩하다 거룩하다 만군의 여호와여 …… 내가 또 주의 목소리를
> 들으니 주께서 이르시되 내가 누구를 보내며 누가 **우리**를 위하여
> 갈꼬.

이사야 6장 1, 3, 8절


하나님이 의인화된 형태<sub>보좌에 앉아 있는 인간 형상</sub>로 보인다는 데 주목한다. 천사들이 "거룩하다, 거룩하다, 거룩하다"라고 세 배수의 송영을 할 때 여호와가 "누가 **우리**를 위해 갈까?"라고 물으시는 것도 본다.

구약 성경의 또 다른 중요 선지자 예레미야는 여호와의 말씀이 그에게 임하는 방식을 인간의 형상으로 나타나신 여호와와의 대화의 형태로 묘사한다.[6] 다음 예를 보라.

여호와께서 그의 손을 내밀어 내 입에 대시며.

예레미야 1장 9절


다니엘은 환상 중에 하나님을 보고 이렇게 묘사한다.


인자 같은 이가 하늘 구름을 타고 와서 옛적부터 항상 계신 이에게
나아가 그 앞으로 인도되매 그에게 권세와 영광과 나라를 주고
모든 백성과 나라들과 다른 언어를 말하는 모든 자들이 그를
섬기게 하였으니 그의 권세는 소멸되지 아니하는 영원한 권세요
그의 나라는 멸망하지 아니할 것이니라.

다니엘 7장 13-14절


여기 구약 성경에서 우리가 보는 하나님의 상은 복합체다. 각
비전의 중심에는 "인자 같은"[7]이라고 표현된 인간 같은 존재가 있
어 영원한 왕국을 통치할 신적 지위를 받는다.

구약 성경의 많은 책에 무수한 사례들이 나오는데 이 모든 것은
하나님이 복수 형태로 나타나지만 이 개념이 성경의 일신론 안에
서 세워졌음을 입증하는 것이다. 다만 하나님의 신비를 묘사하기
에는 인간 언어에 한계가 있음을 주의 깊게 인식해야만 한다.

카를 라너[Karl Rahner]는 고전적인 연구서 *The Trinity*삼위일체에서 성
경 스스로 복수의 단일체이신 하나님의 경륜사역을 밝히고 있으며
하나님의 '진정한 본질'은 직접 묘사할 필요가 없다는 논리를 반박

한다. 다른 말로 하면 기독교인이 삼위일체를 믿는 까닭은 성경이 지속적으로 아버지와 아들과 성령이신 하나님의 사역을 드러내기 때문이다.

따라서 유대교 신앙의 유일신론에도 불구하고 하나님을 복수의 단일체로 계시하는 신학이 있다. 하나님은 인간 형태로 자신을 나타내심으로써 인간의 역사에 개입했던 흔적이 있다. 예수님이 자신을 입증하는 토대가 되는 신학도 이것이다. 그분은 특히 이사야를 언급하신다. 이사야는 '고통받는 종'<sup>사 42-43; 49장</sup>의 예언으로 유명한데 기독교인들은 이를 예수님의 생을 조명하는 것으로 여긴다. 예수님 스스로 자신의 사명과 정체성을 설명하실 때 이사야의 말씀을 넌지시 암시하셨다. 그분은 사역 초기에 다음 성경 구절을 읽으셨다.

> 주의 성령이 내게 임하셨으니 이는 가난한 자에게 복음을 전하게
> 하시려고 내게 기름을 부으시고 나를 보내사 포로 된 자에게
> 자유를, 눈먼 자에게 다시 보게 함을 전파하며 눌린 자를 자유롭게
> 하고 주의 은혜의 해를 전파하게 하려 하심이라 하였더라 책을
> 덮어 그 맡은 자에게 주시고 앉으시니 회당에 있는 자들이 다
> 주목하여 보더라 이에 예수께서 그들에게 말씀하시되 이 글이
> 오늘 너희 귀에 응하였느니라 하시니.<sup>8</sup>
> 누가복음 4장 18-21절

이사야의 이 구절들은 하나님이 속히 하나님 나라를 들여오고 통치할 메시아를 보내 주시기를 바라는 유대 백성의 희망과 기대를 나타낸다. 메시아의 본질은 그 임무와 성격을 볼 때 예수님이 다름 아닌 하나님 자신이라는 것을 암시한다. 예수님의 말씀을 듣고 있던 당시 사람들은 분명히 이를 이해했고 동시에 깊은 모욕감을 느꼈다. 그들은 예수님을 신성 모독으로 처벌하려 했다. 눅 4:28-29 예수님이 결국 죽음을 야기하게 한 심문을 받는 동안 제사장들은 그분이 신성 모독죄, 즉 자신을 하나님이라고 주장하는 죄를 저질렀다고 주장했다.

> 대제사장이 다시 물어 이르되 네가 찬송받을 이의 아들
> 그리스도냐 예수께서 이르시되 내가 그니라 인자가 권능자의
> 우편에 앉은 것과 하늘 구름을 타고 오는 것을 너희가 보리라
> 하시니 대제사장이 자기 옷을 찢으며 이르되 우리가 어찌 더
> 증인을 요구하리요 그 신성 모독 하는 말을 너희가 들었도다.
> 마가복음 14장 61-64절

예수님은 자신이 곧 하나님이라고 주장하셨기 때문에 유죄 판결을 받으셨다. 복음서 저자들이 일관되게 보여 주는 이러한 주장이 그분의 가르침과 기적들 중심에 있었다. 신약 성경 책들 가운데 예수님의 신적인 지위를 증언하는 말씀과 행동을 모두 제거하면 누더기가 된 문서만 남을 것이다. 따라서 그리스도의 신성을 포함

해 삼위일체 교리를 위한 '증거' 본문이 나중에 성경에 추가되었다는 의견은 수정되어야 할 것이다. 이 작업은 단순히 문서 증거 자료만으로 입증할 수는 없는 것이다.

지금까지 간단히 요약해 본 몇 가지 성경적 증거들을 통해 기독교인들이 삼위일체를 하나님의 사역과 정체성에 대한 타당한 묘사라고 확신하는 이유에 대해 알아보았다. 성경은 같은 내용으로 계속해서 기독교인들이 예수를 신적인 메시아로 예배하도록 이끈다. 복합적인 유일신으로서 자신을 드러내는 단 한 분이신 주님을 예배하는 것이다.

그리스도의 본성을 둘러싼 철학적 논쟁에 주목할 가치가 있는 것은 꾸란의 본질과 관련해서도 비슷한 논의가 있어 왔기 때문이다. 본질적으로 이 질문은 하나님의 신적인 속성에 초점을 맞추고 유한한 존재가 그 속성들을 공유할 수 있는지 여부를 묻는다.

10세기 바그다드의 무타질라 학자들$_{\text{Mu'tazila; 이슬람 신학의 이성주의 학}}$ $_{\text{풍_옮긴이주}}$은 오직 알라만이 영원할 수 있고 피조물은 영원하지 않다고 주장했다. 이를 꾸란에 적용하면 꾸란이 누군가에 의해 만들어지지 않은 알라의 '영원한' 말씀인가, 아니면 알라와 구분된 '만들어진' 실체인가 여부를 묻는 논쟁이 일어난다.

무타질라 학파는 알라만이 영원하며 오직 하나이므로 영원성을 가지며, 스스로 존재하는 지위를 다른 어떤 누군가나 무언가에 돌리는 것은 회피의 죄 즉 신성한 지위를 하나님이 아닌 다른 무언가에 귀속시키는 중대한 범죄를 저지르는 것이라고 결론 내렸다. 이런 식으로 따지면 꾸란은 영원할 수 없다. 이 결론에 담긴 의미는 신적인 계시로서의 꾸란의 역할과 지위를 떨어뜨리려 하지 않는, 보다 정통한 이슬람 학자들에게 불쾌한 것이었다. 그 결과 무타질라 학파의 사상은 가혹한 탄압을 받았다.

하지만 무타질라 학파의 사상은 신의 속성의 모든 영역을 눈여겨보면서 하나님의 하나 됨을 유연성 없이 이해할 경우 나타날 수 있는 한계를 탐구했다. 예를 들어, 만일 알라뿐만 아니라 알라의 '말씀' 역시 영원하다면 이것은 곧, 알라에게만 속한 신성을 공유할 수 있는 무언가가 존재할 수 있다는 사실을 암시한다. 이는 알라가 자비, 긍휼, 의를 포함한 여러 신적인 속성의 복합물이어야 한다는 도전에 직면한다.

기독교인에게 사랑과 같은 신적인 속성은 복합적인 신과의 연합을 암시할 것이다. 사랑의 본질에는 영원성이라는 신적인 본질을 나눌 수 있는 '타자'가 필요하다. 사랑이 존재하기 위해서는 '사랑하는 사람'과 그 사람의 사랑을 받는 대상이 있어야 한다. 영원한 사랑은 사랑을 주고받는 존재 모두 영원해야 가능하다. 영원한 존재들 사이에서 표현되는 사랑이야말로 영원한 사랑인 것이다.

긍휼, 자비, 의의 속성에도 똑같은 것이 적용된다. 이런 자질들이 영원하기 위해서는 앞서 말한 자비와 긍휼과 의의 대상으로서 영원한 '타자'가 있어야 한다. 하나님이 완전하고 독자적이며 세거나 나눌 수 없는 단위라면 이런 속성들은 영원히 존재할 수 없고 사실상 의미 없는 범주가 된다. 완전함이라는 말 자체가 더 이상 무언가 추가되거나 제거될 수 없다는 뜻이다. 즉 절대적으로 변화가 없는 정적인 개념이다. 하나님의 속성은 역동적이며 언제나 변화하는 세계에 관여한다. 정의는 불의한 행동에 대한 대가로 작용한다. 자비는 범죄자에게 보이는 분에 넘치는 친절이다. 삼위일체 교리나 하나님을 이런 속성들의 통일체로서 이해하는 것은 사랑과 자비와 은혜와 그분의 말씀 등이 신적 특성의 한없는 표현임을 인정하게 한다.

이에 따라 성경에 있는 예수님의 가르침은 몇 가지 영원한 구성 요소를 가진 하나님을 이해하는 것과 일치한다. 요한복음의 선언은 이를 다음과 같이 요약한다.

> 태초에 말씀이 계시니라 이 말씀이 하나님과 함께 계셨으니 이 말씀은 곧 하나님이시니라 그가 태초에 하나님과 함께 계셨고 만물이 그로 말미암아 지은 바 되었으니 지은 것이 하나도 그가 없이는 된 것이 없느니라 그 안에 생명이 있었으니 이 생명은 사람들의 빛이라 …… 말씀이 육신이 되어 우리 가운데 거하시매.
> 요한복음 1장 1-4, 14절

예수님은 인간의 모양을 가지신 영원한 하나님의 말씀으로 선포되었다. 여기에 이슬람과 기독교의 주요 차이점 중 하나가 있다. 이슬람에서 영원한 하나님의 말씀은 '책'으로 드러났지만 기독교에서는 '사람'이라는 것이다. 무타질라 학자들은 이 어느 것이라도 쉽게 받아들이지 못했을 것이다. 오직 알라만이 영원하실 뿐이지 그의 말씀이나 다른 어떤 속성도 영원할 수 없다는 것이다. 특이하게도 정통파 이슬람의 잔인한 탄압 때문에 기독교 신학에 깊이 공감하는 방식으로 하나님의 영원한 속성을 인식하는 길이 열렸다. 무엇보다 여러 복합적 존재로서의 하나님은 그가 만드신 피조물과 소통하며 관계를 맺으실 수 있다. 말이나 글로 나타내는 계시 그 자체만으로 하나님의 특성을 설명한다는 것은 불가능하다. 왜냐하면 하나님은 자신을 계시하실 때 역동적이며 관계 중심적인 자신의 영원한 속성을 모두 나타내셔야 하기 때문이다.

○

4
아랍인과
아라비아에 관한
성경 구절

아라비아를 들여다보면 오늘날 교회의 이야기에 복잡하게 얽
힌 이 지역에 긴 역사가 있음을 알 수 있다. 성경의 첫 번째 책 창세
기는 오늘날 바레인과 쿠웨이트를 포함한 걸프만의 북부 지역으로
여겨지는 곳에서 일어난 사건들을 기록한다. 고대 제국의 흥망성
쇠와 함께 문화와 언어가 통합되고 변화하면서 오늘날까지 이어져
왔을 것이다. 에드워드 사이드는 독보적인 그의 저작에서 다음과

같이 문화를 설명했다.

> 역사 속에 등장한 제국 덕분에 모든 문화는 서로 관련되어 있고
> 어느 문화도 독자적으로 아무런 영향을 받지 않을 수 없으며 모두
> 상호간 영향을 받았고 다양하고 변별적이며 다층적이다.[1]

## 아브라함에게 하신 약속

유대교, 기독교, 이슬람의 신앙 역사에서 결정적인 인물은 아브라함이다. 세 종교 모두 그를 신앙의 영감을 준 인물로 지목한다. 아브라함 이야기는 유대인, 기독교인, 무슬림을 종교 간 대화로 이끌 수 있는 통합적인 모티프 중 하나다. 아브라함의 삶에서 가장 핵심은 하나님이 인간과 맺으신 엄청난 언약에 있다고 해도 무방할 것이다.

> 네 이름을 창대하게 하리니 너는 복이 될지라 너를 축복하는
> 자에게는 내가 복을 내리고 너를 저주하는 자에게는 내가
> 저주하리니 땅의 모든 족속이 너로 말미암아 복을 얻을 것이라.
> 창세기 12장 2-3절

아브라함의 출생지는 그 지역의 중심 도시였던 우르였다. 우르

의 왕들은 쿠웨이트에서 티그리스와 유프라테스 계곡을 거쳐 시리아를 지나 지중해까지 이르는 통합된 지역을 지배하며 그 영토 안에서 교역했다. 아브라함이 동쪽으로 가서 남쪽으로 내려가 아라비아에 이르렀다는 고대 유대인의 전승이 있다. 걸프 지역은 아브라함이 밟았던 땅이었을까? 아브라함이 점점 중요해지는 까닭은 창세기에 북부 아라비아 사람들이 이스마엘을 통한 아브라함의 후손이라는 사실이 드러나 있기 때문이다. 따라서 오늘날 아라비아에 사는 아랍인 가운데 일부는 아브라함에게로 자신들의 육체적, 정신적 뿌리를 추적해 갈 수 있다. 아브라함이 받은 약속은 이스마엘에게 전해진다.

성경에 기록된 아브라함 이야기는 아랍 민족의 복잡한 기원을 설명한다. 아브라함의 아내 사라는 아이를 낳지 못했고 사라는 아브라함에게 자신의 종 하갈을 첩으로 주었다. 하갈이 임신하고 자신을 업신여기자 사라는 하갈을 학대했다. 하갈은 사라에게서 도망쳤다. 그곳 광야의 샘 곁에서 하갈은 셀 수 없이 많은 후손이 생겨날 거라고 약속하며 아브라함에게 다시 돌아가라고 설득하는 여호와의 천사를 만났다. 그 후 하갈은 돌아가 아브라함의 장자 이스마엘을 낳았다. 하나님은 아브라함에게 언약의 징표로 가정의 모든 남성에게 할례를 행하라고 명하신다. 할례를 받을 첫 번째 남성이 이스마엘이었다. 이 할례의 관행은 아브라함의 후손들 사이에서 오늘날까지 지속된다.

사라는 마침내 하나님의 언약의 결과로 이삭을 낳는다. 아이가 젖을 뗄 무렵 하갈과 이스마엘은 광야로 추방당했다. 불모지 사막 한복판에서 물이 떨어지자 하갈은 아이가 죽을까 두려워 하나님께 큰 소리로 울며 부르짖었다. 주님의 천사는 그 부르짖음을 듣고 하갈에게 나타나 이스마엘이 큰 민족을 이룰 것이라고 약속했다. 천사는 하갈의 눈을 밝혀서 샘 하나를 보게 했고 이로써 하갈과 아이는 살아남았다. 이스마엘은 자라 활 쏘는 사람이 되었고 바란 광야에서 살았다. 하갈은 그를 위해 애굽 출신 며느리를 맞이했다. 이삭과 이스마엘은 훗날 아버지 아브라함이 사망한 후에 화해했다.

## 아브라함의 자손

이스마엘의 후손은 이삭의 후손과 나란히 성경에 두 번 기록돼 있다.창 25장; 대상 1장 이는 그들이 하나님의 언약적 축복에 참여했음을 나타낸다. 이스마엘의 아들 미스마는 사우디아라비아 부족인 바니 미스마미스마의 자손이라는 뜻-옮긴이주 부족의 조상으로 여겨진다. 이스마엘의 다른 아들 밉삼은 아마도 베쌈의 나즈디 부족의 조상일 것이다.

그런데 성경의 묘사에 따르면 이스마엘의 또 다른 아들 게달은 구약 성경에서 베드윈 종족을 가리키는 일반적인 이름으로 나타난다. 게달은 구약 성경에 여러 번 등장하는데 우리가 알기로는 이스마엘 후손과 관련된 사막의 아랍인들이고 오늘날 쿠웨이트 사람들의 조상이다. 아래는 게달 사람들을 이야기하는 성경 구절들이다. 이슬람 세계에서 게달이 중요한 까닭은 무함마드 선지자의 조상이라고 알려져 있기 때문이기도 하다. 걸프 지역과 관련하여 더 의미 있는 것은 이스마엘의 장자 느바욧을 통해 몇몇 지역 부족들이 연결될 수 있다는 점이다. 느바욧은 아드난 부족의 조상인 아드난을 낳았다. 아부 하키마Abu Hakima가 이 관계도를 간결하게 요약한다.

> 모든 권위 있는 저술들은 '우툽이 나즈드와 아라비아 북부에 거주하는 아나자, 즉 아드난 부족에 속한다'는 데 동의한다. 예를 들어 쿠웨이트에서 알-사바 가문은 아나자의 분파라고 주장한다.

그러므로 아브라함과의 연관성은 영적인 것 이상이다. 구약 성경의 여러 구절들은 아랍인들이 성경 역사에서 어떤 역할을 했는지 상기시켜 준다. 성경 이야기 일부가 오늘날 걸프만 아랍인들의 조상에 관한 것임을 기억할 필요가 있다.

구약 성경에서는 이스마엘 자손인 아랍 민족을 지속적으로 언급한다. 다음과 같은 본문에 드러나는 대로 그들은 이스라엘 백성과 무역, 전쟁, 시, 예언 등을 통해 연관되어 있었다.

그 외에 또 상인들과 무역하는 객상과 아라비아의 모든 왕들과
나라의 고관들에게서도 가져온지라.

열왕기상 10장 15절


블레셋 사람들 중에서는 여호사밧에게 예물을 드리며 은으로
조공을 바쳤고 아라비아 사람들도 짐승 떼 곧 숫양 칠천칠백
마리와 숫염소 칠천칠백 마리를 드렸더라.

역대하 17장 11절


아라비아와 게달의 모든 고관은 네 손 아래 상인이 되어 어린양과
숫양과 염소들, 그것으로 너와 거래하였도다.

에스겔 27장 21절


그 외에 또 무역상과 객상들이 가져온 것이 있고 아라비아 왕들과
그 나라 방백들도 금과 은을 솔로몬에게 가져온지라.

역대하 9장 14절

## 갈등과 전쟁 속 아랍인들

여호와께서 블레셋 사람들과 구스에서 가까운 아라비아 사람들의
마음을 격동시키사 여호람을 치게 하셨으므로.

역대하 21장 16절


이는 전에 아라비아 사람들과 함께 와서 진을 치던 부대가
그의 모든 형들을 죽였음이라 그러므로 유다 왕 여호람의 아들
아하시야가 왕이 되었더라.

역대하 22장 1절


하나님이 그를 도우사 블레셋 사람들과 구르바알에 거주하는
아라비아 사람들과 마온 사람들을 치게 하신지라.

역대하 26장 7절


## 아랍인과 성경의 비유

네 눈을 들어 헐벗은 산을 보라 네가 행음하지 아니한 곳이 어디
있느냐 네가 길가에 앉아 사람들을 기다린 것이 광야에 있는
아라바 사람 같아서 음란과 행악으로 이 땅을 더럽혔도다.

예레미야 3장 2절

예루살렘 딸들아 내가 비록 검으나 아름다우니 게달의 장막
같을지라도 솔로몬의 휘장과도 같구나.

아가 1장 5절

## 아랍인과 예언

아랍인들은 아라비아반도, 바란 광야에 거주했는데 아랍어로는
'파란Faran'이다.

그가 바란 광야에 거주할 때에.

창세기 21장 21절

게달의 양 무리는 다 네게로 모일 것이요 느바욧의 숫양은 네게
공급되고 내 제단에 올라 기꺼이 받음이 되리니 내가 내 영광의
집을 영화롭게 하리라.

이사야 60장 7절

앞에 제시한 구절들에서 알 수 있듯이 아랍인들은 중동과 걸
프 지역에서 하나님의 사역에 관한 성경 이야기와 아주 많이 얽
혀 있다.

아라비아의 기후가 언제나 가혹했던 건 아니고 지형 역시 언제나 사막은 아니었다. 수백만 년 전에 걸프 지역 대부분은 실제로 마른 땅이었고 거대한 숲현재 유전 자원이 있는으로 덮여 있었다. 바닷물은 엄청난 얼음 덩어리로 얼어붙어 있었기 때문에 현재 수준보다 약 300미터 아래에 있었다. 기후가 따뜻해짐에 따라 얼음 덩어리가 녹으면서 해수면이 상승해 오늘날 걸프 지역이 형성되었다.

에덴은 평원이나 평평한 장소²를 의미한다. 창세기 2장은 이렇게 묘사한다.

> 여호와 하나님이 동방의 에덴에 동산을 창설하시고 …… 강이
> 에덴에서 흘러나와 동산을 적시고 거기서부터 갈라져 네 근원이
> 되었으니 첫째의 이름은 비손이라 금이 있는 하윌라 온 땅을
> 둘렀으며 그 땅의 금은 순금이요 그곳에는 베델리엄과 호마노도
> 있으며 둘째 강의 이름은 기혼이라 구스 온 땅을 둘렀고 셋째 강의
> 이름은 힛데겔Tigris(티그리스)이라 앗수르 동쪽으로 흘렀으며 넷째
> 강은 유브라데Euphrates(유프라테스)더라.
> 창세기 2장 8, 10-14절

뒤에 나오는 두 강은 걸프 지역 북쪽에 위치해 오늘날 이라크를 관통해 흐른다. 이렇게 뒤의 두 강은 우리에게 알려져 있지만 창세

기가 언급하는 나머지 다른 두 강은 어디에 있을까?

학자들은 의견이 분분하지만 가능성 있는 곳으로 대개 다음 두 곳을 제시한다. 마이클 샌더스<sup>Michael Sanders</sup>는 에덴 동산이 유프라테스강 북쪽 끝에 위치해 있다고 보고 이곳이 오늘날 터키의 극동 지역이라고 주장한다. 하지만 이 이론은 그다지 지지를 얻지 못한다. 에덴 동산의 위치와 관련해 가장 잘 알려진 증거를 제시한 사람은 유리스 자린스<sup>Juris Zarins</sup>인데 18세기에 인기 있었던 견해를 부활시키고 이를 뒷받침하기 위해 위성 사진을 사용했다.

자린스는 지형학과 지질학적 증거를 토대로 에덴이 강이 모이는 정점에 존재했다고 여긴다. 그가 제시하는 증거는 매우 흥미롭다. 첫째, 창세기는 히브리인의 관점에서 쓴 것이다. 성경에서는 동산이 동쪽, 다시 말해 이스라엘의 동쪽에 있다고 말한다. 또한 강들을 꽤 구체적으로 묘사한다. 티그리스와 유프라테스강은 아직도 흐르기 때문에 비교적 쉽다. 창세기 기록 당시 유프라테스강을 이름으로만 표기할 뿐 '온 땅을 둘렀고' 같은 설명이 없는 것으로 보아 이것은 분명 중요한 이름이었을 것이다.

비손은 성경이 하윌라 땅을 언급하기 때문에 쉽게 어디인지 추측할 수 있는데 이 땅은 메소포타미아와 아라비아의 영역 안에 있는 지역들과 백성을 나타내는 성경의 민족들 목록<sup>창 10:7; 25:18</sup>에서 손쉽게 위치를 파악할 수 있다. 지상의 지질학적 증거와 우주의 랜드샛<sup>LANDSAT; 지구의 표면을 찍기 위해 발사된 인공위성-옮긴이주</sup> 사진들은 하윌라의 성경적 증거를 뒷받침한다. 이들 사진에서 '강 화석'이 명확히 보이는데 오늘날 사우디아라비아와 쿠웨이트 사람들이 와디 리니아와 와디 바틴으로 알고 있는 건조한 지층을 거쳐 아라비아 북부로 과거 어느 때엔가 흘렀던 곳이다. 게다가 성경이 말하는 것처럼 이 지역에는 베델리엄과 금이 풍부한데 향이 좋은 고무 수지 베델리엄은 아라비아 북부에서 아직도 발견되고 금은 1950년대 전국에서 채굴 가능했다.

문제가 되는 곳은 '구스 온 땅을 두르는' 기혼이다. 히브리어로 이곳의 지리적 연관성은 '구스'나 '쿠스'에 있기 때문이다. 17세기 킹 제임스 버전<sup>KJV</sup> 성경 번역자들은 구스나 쿠스를 '에티오피아'로 옮겼고 그곳은 더 멀리 남쪽이나 아프리카 지역이므로 그렇게 되면 수 세기 동안 지리학적 증거를 찾아온 연구자들의 수고가 수포로 돌아간다. 자린스는 기혼이 지금의 카룬<sup>Karun</sup>강이라고 믿는데 이란에서 발원하여 현재의 걸프만이 있는 남서쪽으로 흐르는 강이다. 카룬강은 랜드샛 사진에서도 보이는 마르지 않는 강이다. 그곳에 댐을 세우기 전까지는 티그리스와 유프라테스를 따라 대부분의 퇴적물이 걸프만 입구에 있는 삼각주를 형성했다.

이와 같은 지형학적 증거에 따라 에덴 동산은 과거 네 강이 모두 합류해 걸프만의 해수면 위에 있었던 지역을 통과해 흘렀으리라 추측하는 걸프만 입구 어디쯤이었을 것이다. 창세기의 정확한 표현은 에덴강에서 '네 개의 상류로 흘러 나간다'인데 몇 년 전 성경학자 에프라임 슈파이저<sup>Ephraim Speiser</sup>가 이를 다룬 적이 있다. 그는 이 구절에서 네 개의 강이 하나의 강으로 합쳐져 에덴 동산에 물을 대었을 것이라고 본다. 문장 자체가 이상하게 들릴 수 있으나 이해하는 데 무리는 없다. 그 지역 인근에 가 본 적이 없는 사람들이 사건이 일어난 지 수천 년 후에 전승되는 기억만으로 묘사한 것을 반영하기 때문이다.

이와 같은 발언은 새로운 이론은 아니고 바레인에 본거지를 두었다고 보는 딜문제국기원전 3200-1600년을 연구하면서 더 많은 증거들이 나왔다. 이 고대 문명은 역사상 알려진 초창기 도시 거주자들이 일부 남겨 둔 것을 가리킨다. 더 오래된 도시들은 기원전 5천 년까지 거슬러 올라가는 우르Ur나 우바이드Ubaid 시대 지역에서 발견된다. 걸프만의 해수면 아래로는 고대 유적이 있는 것으로 보이는데, 이는 인간이 지금보다 훨씬 걸프만 주위의 더 넓은 곳을 탐험할 수 있었던 시기가 있었음을 시사한다. 지질학적 증거는 걸프만이 우바이드 시대에 북쪽으로 훨씬 더 확장되었음을 보여 준다.

광범위한 연구에 따르면 걸프만은 마지막 빙하기 끝에서 이어져 기원전 만 년부터 충전기땅이 메워지는 단계-옮긴이주의 점진적 단계가 일어났음을 보여 준다. 어떤 고고학자들은 이것이 뒤에 이어지는 노아와 홍수의 성경 이야기에 반영된 길가메시 신화의 기원이라고 추정한다. 걸프와 창세기 초반을 연결할 수 있는 또 다른 매개체가 될 수 있다.

고고학자들은 걸프만에 세워진 최초의 도시 거주 문명 일부가 수메르인들에게서 유래했다는 데 동의한다. 이들은 메소포타미아에서 걸프 지역으로 여행해 내려와 이 지역에 정착했을 것으로 여겨진다. 어쩌면 수메르인들은 이미 터전을 잡은 지역 공동체와 교역했을 것이다. 딜문제국은 걸프만의 해안선을 따라 교역을 했다고 알려져 있는데 파일라카섬, 쿠웨이트, 아랍에미리트연합 전역, 바레인 등에서 그들이 존재했다는 증거가 나왔다.

아담과 하와의 후손인 가인은 창세기에 따르면 도시를 세웠는데 에덴 동산 근방 어딘가에 있었을 것으로 본다. 만약 최초의 정착지 가운데 일부가 걸프만에서 발견된다면 딜문제국과 창세기 사이의 연결고리는 빈약해진다. 그 이유는 딜문 외에도 다른 제국들도 존재했기 때문이다. 예를 들어 하라파제국인더스 문명에서 가장 부흥했던 시기-옮긴이주과 걸프만 사이에 교역한 증거가 있다.

하지만 이 연구의 상당 부분은 에덴 동산의 위치와 관련해서는 추측에 불과한 것이지만 에덴 동산이 걸프만 북쪽 어딘가에 위치했으리라는 학자들의 넓은 공감대에는 의심의 여지가 없다. 성경의 가인이 방랑하다가 현재 쿠웨이트로 알려진 지역으로 이동해 갔을 가능성은 상당히 크다.

구약 성경에서 더 잘 알려진 이야기 가운데 일부는 이들 이야기의 배경이 오늘날 쿠웨이트 지역을 포함한 아라비아의 지역과 제국들이었다는 점을 부각시켰다. 이들 가운데 하나가 요나서이며 앗수르제국에 경고해야 하는 임무를 마지못해 맡은 선지자 이야기다. 니느웨는 앗수르제국의 마지막 수도였고 이 도시에서 요나는 회개하지 않으면 멸망한다는 메시지를 선포했다. 요나가 크게 실망할 수밖에 없도록 니느웨 사람들은 이 메시지대로 회개했고 덕분에 임박한 심판은 연기됐다. 니느웨의 왕은 쿠웨이트 땅을 포함한 광대한 지역을 지배했다. 앗수르제국이 이 지역을 기원전 750년부터 600년까지 재패했다.

앗수르 왕들이 동방의 땅을 약탈하고 이스라엘 백성을 억압하는 동안, 칼디Kaldi라고 하는 대담한 사막인들이 수 세기 동안 걸프만 주위에 몰래 접근해 해안선을 따라 정착했다.

북부 산악지역에서는 메데Medes라고 불리는 종족이 세력을 키워나갔다. 그들은 우리에게 갈대아 사람으로 잘 알려진 칼디족과 동맹을 맺고 마침내 앗수르에게서 바벨론을 빼앗았다. 그들이 그곳에서 이동해 니느웨를 점령하자 위대한 앗수르제국은 순식간에 해체되었다. 바벨론제국이 일어나 앗수르의 지배를 대체하고 곧이어 광대한 지역을 점령했다. 신바벨론제국기원전 626-539년은 갈대아 왕들의 후계자가 다스렸는데 그중에서 가장 유명한 이가 성경의 인물 다니엘과 관련된 느부갓네살 2세다.

벨사살왕의 비참한 통치직접 왕위에 오르지 못하고 아버지 나보니두스를 대신해 통치한 듯하다—옮긴이주에 이어 메데 왕 다리우스가 메데 바사제국기원전 539-330년을 열었다. 그의 계승자는 위대한 통치자 고레스로서 바사페르시아의 왕이었다. 기원전 539년 고레스는 바벨론에 대항한 정복군을 이끌었으며 놀라울 정도로 쉽게 이루어졌다. 바벨론의 문들은 바사인들에게 활짝 열렸고 포로로 잡혀 있던 히브리 사람들은 기쁨으로 가득 찼다.

고레스왕 시대 제사장이었던 에스라는 유대인의 예루살렘 귀환을 이끌었다. 에스더와 모르드개 이야기는 기원전 485-465년을 다스린 바사 왕 크세르크세스 통치 때를 배경으로 한다. 이 기간에 군대와 무역상들이 바사와 바벨론 사이에 있는 북부 걸프 지역을 횡단했다.

바사제국은 결국 기원전 330년 알렉산더대왕이 이끄는 그리스 제국에 함락된다. 파일라카섬에 있는 그리스 식민지의 유적지는 알렉산더 대왕의 동방 원정 증거를 보여 준다. 그 이후에 그리스제국은 붕괴되었고 로마제국이 이곳을 점차 장악했지만 걸프 지역까지 멀리 동쪽으로 오지는 못했고 결국 바사인들이 이 지역 통제권을 다시 주장했다.

베들레헴에서 한 아이가 태어나는 것이 바로 이 시기이다. 로마제국은 레반트를 계속해서 통제하기 위해 이두매 출신 왕을 꼭두각시로 이용했다. 악명 높은 헤로디아헤롯 왕조는 로마제국이 이용한 현지 왕들 가운데 하나였고 예수님의 이야기는 그들이 지켜보는 가운데 펼쳐진다. 그리고 예수님의 설교와 가르침, 그리고 그분의 삶과 죽음과 부활은 기독교로 알려진 운동을 촉발시켰다.


### 신약 속 아랍인

신약 성경은 구약 성경보다 아랍에 대한 언급이 훨씬 적지만 아랍에 대해 두 가지 중요한 사실을 담고 있다. 첫째, 오순절에 아랍인들도 그 자리에 있었고[행 2:11] 그들이 말한 방언 가운데 하나가 아랍어였다.

아랍인들이 오순절 사건에 참여하고 있다면 그날 세례를 받기로 나선 3천 명 가운데 아랍인도 있었다고 추정할 수 있다. 그렇다면 당시 기독교 신앙의 메시지가 아라비아에 들어간 것일까? 현재 세계에서 가장 역사가 오래된 교회의 본고장 에티오피아에 복음을 전하는 역할은 사도행전을 살펴보면 시나이 사막을 따라 내려가던 에티오피아 사람이 책임졌음을 알 수 있다.

사도행전이 암시하는 바는 아라비아에 아랍어를 말하는 유대인 공동체가 존재했고 이들이 예루살렘에 머물면서 첫 열매의 수확을 축하하고 모세가 율법을 받은 날을 기념했으리라는 것[유대교는 유월절로부터 50일 후인 칠칠절에 모세가 시내산에서 율법을 받았다고 믿는다. 하나님의 영이 이 칠칠절에 임하여 새로운 법을 주셨음을 상징한다—옮긴이주]이다. 아마도 쿠웨이트와 관련해 보다 의미심장한 것은 이라크 남부와 이란 남부 사람들을 '바대인과 메대인과 엘람인과[행 2:9] 또 메소보다미아 주민'으로 언급했다는 점이다.

둘째, 사도 바울과 관련해서 아라비아가 언급된다. 갈라디아서는 사도 바울이 다메섹 도상에서 회심한 후에 아라비아에서 시간을 보냈다고 간략히 언급한다.[갈 1:17] 뉴비Newby는 바울이 에세네파와 비슷한 공동체 속으로 몸을 피해야 했으리라 추정하는데 그곳에서 구약 성경에 몰두하고 있다가 설득력 있는 변증법, 즉 예수님이 유대교 경전에 묘사된 종말론적인 메시아의 특징과 연관되었음을 발견하고 주요 무대로 되돌아갔다는 것이다.

바울의 사역에 힘입어 기독교 메시지는 유대인 공동체 너머로
까지 확대되었고 당시 알려진 세계의 구석구석으로 전달되었다.
거의 알려지지 않은 사실이 있는데 사도 바울이 서방에서 교회를
확장하는 동안 동방에는 도마와 다대오와 바돌로매가 사역한 결과
이미 교회들이 형성되고 있었다. 아울러 이 동방 교회가 서방 교회
보다 더 많은 나라들과 민족에게 나아갔다는 점이다. 실제로 네스
토리우스 파로 알려진 동방 교회는 선교의 크기와 규모로 따질 때
서방 교회를 충분히 앞선다. 동방 교회의 저명한 학자 바우머Baumer
는 10세기에서 14세기까지 대략 700-800만 명의 네스토리우스 신
자들이 200개 교구에 퍼져 있었다고 추정한다.

14세기 초에 동방 교회는 세계에서 가장 성공적으로 선교하는
교회였으며 16세기에 이르러서야 이 상황이 역전됐는데 가톨릭 식
민지 세력들이 때로 강제적으로 개종을 시행했기 때문이다.[3]

일부 저자들은[4] 중동의 기독교 교회사를 추적하면서 고대 전통
들을 언급했는데 예배 의식과 성경 주석, 그리고 오늘날에도 여전
히 통하는 세계관 등을 통해 이어져 오는 것들이다.

그러므로 우리는 성경과 아라비아가 밀접하게 연관되어 있다
고 결론 내릴 수 있다. 예수님의 가르침은 초기에는 아람어와 헬라
어로 전달됐고 그 후 교회 역사 초기에 복음은 시리아어와 아랍어
의 중재로 통용될 수 있었다. 언어의 유사성과 지형학적 기후를 공
유하며 형성된 문화적 틀을 이용하여 예수님의 가르침을 명확하게

뒷받침하는 작업을 계속한다면 모두가 함께 나눌 수 있는 여러 의미 있는 내용들을 더 널리 퍼뜨릴 수 있도록 도울 것이다.

하늘과 땅을 창조하신 사랑과 자비의 하나님! 오직 하나님께만 영광과 존귀를 드립니다. 선지자들을 보내시고 예수님을 메시아로 보내신 하나님께 찬양과 감사를 드립니다. 하나님 안에서 제가 살아가고 움직이고 저 자신이 될 수 있습니다.

내가 기독교 공동체를 따뜻하게 맞아 주는 나라에서 살게 된 것은 축복이었습니다. 이런 환대가 가능한 것은 이슬람에 확고히 자리 잡은 깊은 종교적 확신에서 나오는 것이라 생각합니다. 아울러 아랍에미리트연합 통치자들의 삶에서는 영적 관대함이 넘쳐납니다. 특히 아랍에미리트연합의 셰이크 나흐얀 무바락 알 나흐얀 문화·청소년·지역개발부 장관의 지원에 깊이 감사드립니다.

아부다비에 있는 세인트앤드류스성공회교회는 근사한 곳입니다. 그들은 교회가 더 큰 지역사회와 소통할 수 있도록 보다 창의적으로 새로운 프로젝트를 탐구하도록 격려해 주었습니다. 깊이 감사드립니다.

이 책은 영화 제작자 레이 하다드와 비디오 프로젝트 관련 대화를 나누던 중에 시작되었습니다. 레이는 내가 아는 가장 창의적인 사람입니다. 내게 끊임없이 영감을 주고 이 개념을 발전시킬 수 있도록 도와주어 감사합니다.

아라비아 걸프의 상징적인 이미지를 포착해 뛰어난 스케치를 그려 준 테레사 펜만에게 감사합니다. 테레사는 오랫동안 이 지역에서 살면서 내게 소중한 우정과 사역의 시간을 나눠 주고 있습니다.

본문을 쓰는 동안 유용한 도움말을 해 주고 본문에 통찰력을 더해 준 바트 야보로, 에탄 에벤에젤, 헬렌 버기스에게 감사합니다. 훌륭한 편집을 맡아 준 리사 하다드에게도 감사합니다. 내게 무척 가혹했던 편집자 말콤 넬슨의 거침없는 비평에 감사합니다. 아부다비의 에반젤리컬교회 카메론 아렌슨 목사는 성경적 관점에서 내 진술의 신학적 정확성을 기꺼이 검증해 주었습니다. 깊은 감사를 전합니다. 걸프 지역 문화에 단연 독보적인 지식을 가진 피터 헬리예에게 언제나 큰 빚을 지고 있음을 기억합니다. 에미리트 펠로우십교회의 짐 버기스 목사에게도 이 프로젝트에 대한 지지와 신뢰에 거듭 감사드립니다.

또한 모티베이트 출판팀에게도 감사합니다. 이안 페어서비스의 아라비아의 모든 것에 대한 변함없는 최고의 열정과 흥미에 찬사를 보냅니다. 존 데이킨은 격려를 아끼지 않는 놀라운 자원이었고 탁월한 이야기꾼이었습니다. 최고의 전문 편집자 푸남 갱글라니, 천재 디자이너 빅터 밍고비츠, 출판 영업부 에밀리 엘 자우아리의 끊임없는 헌신에도 감사합니다. 이 출판팀과 함께 일한 걸 매우 자랑스럽게 생각합니다.

본문을 읽고 내가 전에 보지 못한 점을 다시 볼 수 있게 도와준 내 열한 살짜리 딸도 놀라운 격려의 원천이었습니다. 캐서린, 재미있고 참신한 대화를 나눠 줘서 고마웠단다.

주

들어가며

1. Steven Caton, *Yemen Chronicle: An Anthropology of War and Mediation* (New York: Hill & Wang, 2005), p. 50.

2. James Zogby, Kenneth Cragg, A. Hourani의 1991년 작품과 Phillip Hitti의 작품을 예로 보라.

3. Alanoud Alsharekh & Robert Springborg, *Popular Culture and Political Identity in the Arab Gulf States* (London: SOAS, 2008), pp. 9-10에 보고 자료가 있다.

4. 이들 장은 각각 "이므란의 가족", "식탁", "마리아"로 불렸다.

5. Geoffrey Parrinder, *Jesus in the Qur'an* (London: Faber, 1965), p. 16.

6. http://www.arabianbusiness.com/gcc-population-will-near-50m-by-2013-445943. html. 2014년 4월 9일 검색.

7. Donald Hawley, *The Trucial States* (London: Allen & Unwin, 1970), p. 22.

8. 마크 앨런은 30년 이상 중동에 있는 영국 외무부에서 일했다. 첫 번째 기고는 아부다비에서였는데, 매 사냥이라는 공통 관심사 덕분에 셰이크 자이드와 더 친밀해질 수 있었다.

9. Jehan Rajab, Peter Hellyer & Dr Michele Ziolkowski, and Timothy Insoll의 작품들을 예로 보라.

10. 걸프협력위원회(Gulf Cooperation Council, GCC)는 1981년에 설립되었고 바레인, 쿠웨이트, 카타르, 오만, 사우디아라비아, 아랍에미리트연합 등 여섯 개 나라로 구성되어 있다.

11. Lesslie Newbiggin, *Foolishness to the Greeks: The Gospel and Western Culture* (Michigan:

Eerdmans Publishing Company, 1986), p. 3. 레슬리 뉴비긴, 《헬라인에게는 미련한 것이요》 (IVP역간).

12. Kenneth Bailey, *Who are the Christians in the Middle East?* (Michigan: Eerdmans, 2008), p. 13.

13. 그가 발간한 책 두 권이 특히 중요한데, *Poet and peasant and Through Peasant Eyes*(시인, 농부, 농부의 눈으로 보기)와 《중동의 눈으로 본 예수》(*Jesus through Middle Eastern Eyes*, 새물결 플러스 역간)다. 성경에 드러난 중동 문화의 전 영역에 관한 보다 학술적이고 포괄적인 접근을 위해 이 두 권의 책을 추천한다.

# Part 1

## 개관

1. Gina Benesh, *Culture Shock: A Survival Guide to Customs and Etiquette, United Arab Emirates* (New York: Marshall Canvendish, 2008), p. 75.

2. Margaret Nydell, *Understanding Arabs: A Guide for Westerners* (Maine: Intercultural Press, 2002), p. 91.

3. 알라가 성경에 묘사된 하나님과 동일한 분인지 아닌지를 두고 많은 논란이 있다. 이 주제에 관한 전반적인 토론 내용이 알고 싶다면 미로슬라프 볼프(Miroslav Volf)의 책, 《알라: 기독교와 이슬람의 신은 같은가》(*Allah: A Christian response*, IVP 역간)를 보라.

## 낙타

1. Ahmed Al Mansoori, *The Distinctive Arab Heritage: A Study of Society, Culture and Sport in UAE* (Abu Dhabi: Emirates Heritage Club, 2004), p. 59.

2. Al Mansoori, pp. 38-39.

3. Kenneth Bailey, *Poet and Peasant and Through Peasant Eyes* (Michigan: Eerdmans, 1983), p. 165.

4. 같은 책, p. 166.

5. Farrar, F. W. 1876. 'Brief Notes on Passages of the Gospel. II. The Camel and the Needle's Eye', *The Expositor* (First Series), Vol. 3. pp. 369-380.

6. Bailey, p. 166.

7. 같은 책, p. 167.

8. 같은 책, p. 169.


## 결혼식

1. Mary Bruins Allison, *Doctor Mary in Arabia* (Austin: University of Texas Press, 1994), pp. 50-52.

2. Patricia Holton, *Mother Without a Mask* (London: Kyle Cathie Limited, 1991), Chapters 15-19.

3. Rob Bell, *Velvet Elvis: Repainting the Christian Faith* (Michigan: Zondervan, 2005), pp. 126-131.

4. Kenneth Bailey, *Jesus Through Middle Eastern Eyes: Cultural Studies in the Gospels* (London: SPCK, 2008), p. 315. 케네스 베일리, 《중동의 눈으로 본 예수》(새물결플러스 역간).

5. Andrei Dupont-Sommer, *The Essene Writings from Qumran* (USA: Peter Smith Publisher Inc., 1973), pp. 107-108.

6. Johnson, B. *When Heaven Invades Earth* (Shippensburg: Destiny Image Publishers, 2003), pp. 25-26. 빌 존슨, 《하늘이 땅을 침노할 때》(서로사랑 역간).

## Part 2

### 개관

1. PBUH(Peace Be Upon Him; 평화가 그분과 함께하기를!)는 이슬람의 모든 선지자에게 돌리는 존경을 담은 인사말이다.

2. 종말에 대한 연구를 가리키는 신학적인 용어.

3. '움마'(Ummah)는 국적이나 인종을 초월해 하나님을 믿는 믿음으로 연합된 '하나님의 백성'이라는 개념을 가리킨다.

4. Reza Aslan, *No god but God: The Origins, Evolution, and Future of Islam* (New York: Random House, 2011), p. 101. 레자 아슬란, 《알라 외에 다른 신은 없도다》(이론과실천 역간).

## 금식

1. William Dalrymple, *From the Holy Mountain: A Journey among the Christians of the Middle East* (London: Holt Paperbacks, 1999), p. 105.

## 진주

1. Khalaf Al Habtoor, *Khalaf Ahmad Al Habtoor: The Autobiography* (Dubai: Motivate Publishing, 2012), p. 47에 인용된 글.

2. 같은 책, p. 48.

3. Doran, J., Interview with Mohammed Al Suwaidi, *The National*, 7 June 2013, p. 4.

4. John Steinbeck, *The Pearl* (London: Puffin Books), p. 23. 존 스타인벡, 《진주》(돋을새김 역간).

5. David Wenham, *The Parables of Jesus* (Illinois: IVP, 1989) p. 208.

6. Hellyer, P. and Ziolkowski, M. *Emirates Heritage: Volume One. Proceedings of the 1st Annual Symposium on Recent Palaeontological & Archaeological Discoveries in the Emirates* (Al Ain: Zayed Centre for Heritage and History, 2005), p. 53.

7. 요한계시록 21장 21절에서 하늘의 예루살렘에는 열두 개 문이 있고 각각의 문은 진주 하나씩으로 만들어져 있다. 이에 반해 꾸란 35장 33절에는 낙원으로 들어가는 사람들을 묘사했는데 모두 금과 진주 팔찌로 장식하고 있다.

## Part 3

### 개관

1. 패트리샤 홀튼이 걸프 지역 여성의 삶을 공감하며 묘사한 책 *Mother Without a Mask*(얼굴을 가리지 않는 어머니)를 읽으라.

2. 장 싸손(Jean Sasson)은 이 주제에 관해 많은 저서를 발표했고 사우디아라비아 왕족 여성의 삶을 기록으로 남겼다. 첫 번째 베스트셀러 *Princess*(공주, 2001)는 포스트 오리엔탈리즘 작품이라는 새 장르에 영감을 불어넣었다.

3. Nader, L., *Culture and Dignity: Dialogues between the Middle East and the West* (London: Wiley & Blackwell, 2013), p. 12.

4. Leonard Swidler, *Women in Judaism* (New York: Scarecrow Press, 1976).

5. G. D. Newby, *A History of the Jews of Arabia* (USA: Columbia, 1988).

6. William Barclay, *The Gospel of John: Volume 2* (The Daily Bible Study Series, Edinburgh: The Saint Andrew Press, 1975), p. 3.

7. Michele Guinness, *Woman: The Full Story* (Michigan: Zondervan, 2003), p. 107.

## 향유

1. "일곱 귀신이 나간 자 막달라인이라 하는 마리아"(눅 8:2).

2. 니고데모는 예수님의 가르침과 인격에 끌렸던 권세 있는 종교 선생이었다. 요한복음 3장에 처음 나온다.

## 물

1. Christopher Davidson, *Abu Dhabi: Oil and Beyond* (London: Hurst & Company 2009), p. 6.

2. Edmund O'Sullivan, *The New Gulf: How Modern Arabia is Changing the World for Good* (Dubai: Motivate Publishing, 2008), pp. 186-187.

3. 위의 책, pp. 172-173.

4. Wilfred Thesiger, *Arabian Sands* (London: Longmans, 1959).

5. William Barclay, *The Gospel of John: Volume 1* (The Daily Bible Study Series, Edinburgh: The Saint Andrew Press, 1975), p. 153.

6. Andrew Rippin, *Muslims: Their Religious Beliefs and Practices, Volume 2: The Contemporary Period* (London: Routledge, 1993), p. 117.

7. Green, J. B., McKnight, S. and Marshall, H. (Eds), *Dictionary of Jesus and the Gospels: A Compendium of Contemporary Biblical Scholarship* (Leicester: IVP, 1992), p. 728.

8. 이에 대한 또 다른 고전적인 예는 요한복음 3장에 있는 니고데모와 예수님의 대화에서 찾을 수 있다.

9. Barclay, Vol. 1, p. 152.

## 환대

1. Benesh, p. 76.

# Part 4

## 개관

1. 대중 운동을 조직할 때 '흡인력'의 개념이 얼마나 중요한지 궁금하다면 글래드웰(M. Gladwell)을 보라.

2. N. Robinson, *Discovering the Qur'an: A Contemporary Approach to a Veiled Text* (London: SCM, 1996), p. 10.

3. Dr Mitri Raheb, *Sailing through Troubled Waters: Christianity in the Middle East* (Bethlehem: Diyar Publisher, 2013), pp. 60-61.

4. C.A. Mallouhi, *Waging Peace on Islam* (London: Monarch Books, 2000), p. 196.

5. Kenneth Cragg, *The Arab Christian: A History in the Middle East* (Kentucky: John Knox Press, 1991), p. 258.

6. Kenneth Bailey, *Jesus Through Middle Eastern Eyes: Cultural Studies in the Gospels* (London: SPCK), p. 368. 케네스 베일리, 《중동의 눈으로 본 예수》(새물결플러스 역간).

## 목자

1. 창 49:24, 시 77:20; 79:13; 80:1; 95:7; 100:3, 겔 34:22, 렘 31:10, 50:19, 사 40:11, 미 2:12-13.

2. Kenneth Bailey, *Poet and Peasant and Through Peasant Eyes* (Michigan: Eerdmans, 1983).

## 빵

1. http://www.backwoodshome.com/articles2/salloum135.html. Issue #135, May/June, 2012. 2013년 7월 28일 접속함.

2. 부록 3에 예수님의 정체성에 관한 보다 충분한 토론을 정리해 놓았다.

3. Kenneth Bailey, *Poet and Peasant and Through Peasant Eyes* (Michigan: Eerdmans, 1983), p. 120.

4. 이슬람에는 이와 비슷한 기도가 있는데, 신실한 신자가 그들을 "바른길"로 인도해 달라고, 즉 유혹에 빠지지 않게 해 달라고 알라에게 간청한다. "우리에게 바른길을 보여 주소서. 주님이 은총을 허락하신 자들의 길, 그들의 것(몫)은 진노가 아니고 그들은 길에서 벗어나지 않았습니다"(꾸란 1:6-7).

5. *Poet and Peasant and Through Peasant Eyes*, pp. 136-137.

6. 같은 책, pp. 135-139.

## 달리기

1. Kenneth Bailey, *Poet and Peasant and Through Peasant Eyes* (Michigan: Eerdmans, 1983).

2. 같은 책, p. 161.

3. 같은 책, p. 162.

4. 같은 책, p. 166.

5. A. Deedat, *The Choice: Islam and Christianity, Vol. One* (South Africa: Islamic Propagation Centre, 1993). A. Thomson, *Jesus Prophet of Islam* (London: TaHa Publishers, 1977).

6. 마태복음 28장 11-15절에서는 유대인들 사이에서 어떻게 이야기가 전해졌는지 설명한다. 유대인들은 예수님의 제자들이 그분의 몸을 훔쳐서 무덤이 비는 기적이 일어났다는 거짓을 퍼뜨렸다.

## 나오며

1. 대부분의 학자들은 복음서들이 예수님의 사망 이후 30년 이내에 모두 기록되었다는 데 동의한다.

2. J. Hicks, *The Myth of God Incarnate* (London: SCM Press, 1977) and A. N. Wilson, *Jesus: A Life* (New York: W. W. Norton & Company, 1992).

3. C. S. Lewis, *Mere Christianity* revised and enlarged edition (Harper: San Francisco, 2009), p. 35. C. S. 루이스, 《순전한 기독교》(홍성사 역간).

4. Andrew Thompson, *Christianity in the UAE: Culture and Heritage* (Dubai: Motivate Publishing, 2011), p. 56.

5. 아랍어 성경에 관한 탁월하고 새로운 견해로는 Sidney Griffith, *The Bible in Arabic: The Scriptures of the 'People of the Book' in the Language of Islam* (Princeton: Princeton

University Press, 2013)을 보라

6. David Ford, *The Promise of Scriptural Reasoning* (Oxford: Wiley-Blackwell, 2006), p. 15.

## 부록 1. 성경 훼손 문제

1. Geoffrey Parrinder, *Jesus in the Qur'an* (London: Faber, 1965), p. 145.

2. Parrinder, pp. 146-147.

3. 그리스도의 승천은 그리스도가 육신의 형태로 일으켜져 하늘로 올라갔다는 믿음을 가리킨다. 기독교인들은 이것이 그리스도의 죽음과 부활 이후에 일어났다고 믿는 반면 무슬림은 이 승천이 십자가에 못 박히기 전에 일어났다고 본다. 이슬람 정통파들은 십자가 처형은 인정하나 십자가에서 소멸한 이는 예수가 아니라 대리자였다고 본다.

4. J. W. Sweetman, *Islam and Christian Theology: Volume 1* (London: Lutterworth Press, 1945), p. 81.

5. 이들 이슬람 학자들과 그들의 견해는 이곳에 요약돼 있다. Jacques Waardenburg, *Muslim Perceptions of Other Religions: A Historical Survey* (Oxford: Oxford University Press, 1999). 특히 *Modern Times*, pp. 225-304의 관련 기사를 보라.

6. Anne Cooper, *Ishmael: My Brother* (Bromley: MARC Europe, 1985), p. 72.

7. 비평 색인 목록은 최초의 문서들이나 복음서의 단편들 속에서 발견할 수 있는 다양한 읽기 방식과 다른 철자들을 열거한다.

8. Nicholas Perrin, *Lost in Transmission? What We Can Know About the Words of Jesus* (Dallas: Thomas Nelson, 2007).

## 부록 2. 십가가 처형을 보는 이슬람의 견해

1. Todd Lawson, *The Crucifixion and the Qur'an: A Study in the History of Muslim Thought* (Oxford: Oneworld, 2009), p. 23.

2. Jane McAufliffe (ed), *The Encyclopedia of the Qur'an* (Leiden: E. J. Brill, 2005), p. 7.

3. "그 시체를 나무 위에 밤새도록 두지 말고 그날에 장사하여 네 하나님 여호와께서 네게 기업으로 주시는 땅을 더럽히지 말라 나무에 달린 자는 하나님께 저주를 받았음이니라"(신 21:23).

4. Arberry, A. J., 1964.

5. Bell, R., 1937.

6. Sale, G.

7. Abdel Haleem, 2004.

8. Lawson, T., 2009, p. 7.

9. 같은 책, p. 2.

10. 같은 책, p. 18.


## 부록 3. 그리스도의 정체성

1. 꾸란 5:116

2. '성육신'이라는 단어는 하나님이 육체에 거하시며(육신적) 인간 사회에서 사셨음을 의미한다.

3. Ayoub, M., *1984*, p. 64에 기록되다.

4. 같은 책, p. 64.

5. 꾸란 1:1-7. N. J. Dawood, *The Koran* (London: Penguin Classics, 1999)의 해석에 따른다.

6. 하나님을 묘사하기 위해 의인화 형태를 사용하는 것은 기독교와 이슬람 모두에서 논쟁의 여지가 있는 사안이다. 장 칼뱅(Jean Calvin)은 하나님이 인간의 형상을 가졌다는 식의 어떠한 제안도 격렬히 거부했는데, 이는 몇몇 이슬람 학파들, 특히 오만에서 발견된 이바디 이슬람 학파(Ibadi School of Islam; 무함마드 선지자 사후, 수니파와 시아파의 분할 이전에 일어난 이슬람 운동—옮긴이주)도 마찬가지였다. 신인 동형론에 대한 토론에 관해서는 Valerie Hoffman, *The Essentials of Ibadi Islam* (USA: Syracuse University Press, 2011), pp. 31-33을 보라.

7. 이것은 예수님이 스스로를 지칭하는 가장 일반적인 방법이었다. 이슬람 학자들은 이 용어를 예수님이 자신을 인간이라고 말한 것으로 받아들이지만 유대인 청중들에게 '인자'라는 용어는 예언자적인 의미와 신적인 의미 모두를 포함한다.

8. 예수님은 이사야 61장 1-2절에서 주님이 그분의 백성을 구원과 의로움으로 회복시키실 날을 말씀하신다.


## 부록 4. 아랍인과 아라비아에 관한 성경 구절

1. Edward Said, *Culture and Imperialism* (New York: Vintage, 1994), p. xxv. 에드워드 사이드, 《문화와 제국주의》(창 역간).

2. 에덴 동산의 위치와 관련된 좀 더 자세한 토론 내용은 다음을 보라. D. J. Hamblin, 'Has the Garden of Eden been located at last?' *Smithsonian Magazine*, Vol. 18, No. 2, 1987.

3.ʼ Baumer, C., *The Church of the East: An Illustrated History of Assyrian Christianity* (I. B. Taurus: London, 2006). p. 4. 크리스토프 바우머, 《실크로드 기독교》(일조각 역간).

4. William Dalrymple, Robert Brenton Betts, Kenneth Cragg, Betty Jane Bailey & J. Martin Bailey, Christoph Baumer, J. Spencer Trimingham을 보라.

# 참고문헌

Abdel Haleem, M. A. S., *The Qur'an: A New Translation* (Oxford: Oxford University Press, 2004).

Al Habtoor, K. A., *Khalaf Ahmad Al Habtoor: The Autobiography* (Dubai: Motivate Publishing, 2012).

Al Omari, J., *The Arab Way* (Oxford: How to Books, 2003).

Al Mansoori, K.A., *The Distinctive Arab Heritage: A Study of Society, Culture and Sport in the UAE* (Abu Dhabi: Emirates Heritage Club, 2004).

Alsharekh, A, & Springborg, R., *Popular Culture and Political Identity in the Arab Gulf States* (London, SOAS, 2008).

Allen, M., *Arabs* (London: Continuum, 2006).

Allison, M. B., *Doctor Mary in Arabia* (Austin: University of Texas Press, 1994).

Arberry, A. J., *The Koran Interpreted* (Oxford: Oxford University Press, 1964).

Asher, M., *The Last of the Bedu: In Search of the Myth* (London: Penguin Books, 1996).

Aslan, R., *No god but God: The Origins, Evolution, and Future of Islam* (New York: Random House, 2011). 레자 아슬란, 《알라 외에 다른 신은 없도다》(이론과실천 역간).

Aslan, R., *Zealot: The Life and Times of Jesus of Nazareth* (New York: Random House, 2013). 레자 아슬란, 《젤롯》(와이즈베리 역간).

Ayoub, M., *The Qur'an and its Interpreters Vol. I* (New York: University of New York Press, 1984).

Bailey, B. J. & M. B., *Who are the Christians in the Middle East?* (Michigan: Eerdmans, 2003).

Bailey, K. E., Jesus *Through Middle Eastern Eyes: Cultural Studies in the Gospels* (London: SPCK, 2008). 케네스 베일리, 《중동의 눈으로 본 예수》(새물결플러스 역간).

Bailey, K. E., *Poet & Peasant and Through Peasant Eyes* (Michigan: Eerdmans, 1983).

Barclay, W., *The Gospel of Luke* (Edinburgh: The Saint Andrew Press, 1975).

Barclay, W., *The Gospel of John, Vol 1.* (Edinburgh, The Saint Andrew Press, 1975).

Barclay, W., *The Gospel of John, Vol 2.* (Edinburgh, The Saint Andrew Press, 1975).

Baumer, C., *The Church of the East: An Illustrated History of Assyrian Christianity* (London: I. B. Taurus, 2006). 크리스토프 바우머, 《실크로드 기독교》(일조각 역간).

Bell, R., *The Qur'an Translated with a Critical Rearrangement of the Surahs* (Edinburgh: T & T Clark, 1937).

Bell, R., *Velvet Elvis: Repainting the Christian Faith* (Michigan: Zondervan, 2005).

Benesh, G. C., *Culture Shock. A Survival Guide to Customs and Etiquette. United Arab Emirates* (New York: Marchall Canvendish Corporation, 2009).

Betts, R. B., *Christians in the Arab East* (Atlanta: John Knox Press, 1978).

Brock, S. P., *Syriac Writers from Beth Qatraye* (ARAM periodical 11/12, 2000).

Caton. C. S., *Yemen Chronicle: An Anthropology of War and Mediation* (New York: Hill & Wang, 2005).

Clements, R., *A Sting in the Tale* (Leicester: IVP, 1995).

Cooper, A., *Ishmael: My Brother* (Bromley: MARC Europe, 1985).

Cragg, K., *The Arab Christian: A History in the Middle East* (Kentucky: John Knox Press, 1991).

Dalrymple, W., *From the Holy Mountain: A Journey among the Christians of the Middle East* (London: Holt Paperbacks, 1999).

Davidson, C. M., *Abu Dhabi: Oil and Beyond* (London: Hurst & Company, 2009).

Dawood, N. J. (trans). *The Koran* (London: Penguin Classics, 1999).

Deedat, A., *The Choice: Islam and Christianity, Vol. 1* (South Africa: Islamic Propagation Centre, 1993).

Dupont-Sommer, A., *The Essene Writings from Qumra*n (USA: Peter Smith Publisher Inc., 1973).

Ford, D. F., *The Promise of Scriptural Reasoning* (Oxford: WileyBlackwell, 2006).

Freeman, J. M., *Manners and Customs of the Bible* (New Jersey: Bridge Publishing, 1972).

Green, J. B. McKnight, S. & Marshall, H. (Eds), *Dictionary of Jesus and the Gospels. A Compendium of Contemporary Biblical Scholarship* (Leicester: IVP, 1992).

Griffith, S. H., *The Bible in Arabic: The Scriptures of the 'People of the Book' in the Language of Islam* (Princeton: Princeton University Press, 2013).

Guiness, M., *Woman: The Full Story* (Michigan: Zondervan, 2003).

Hamblin, D. J., 'Has the Garden of Eden been located at last?' *Smithsonian Magazine* Volume 18. No2. 1987

Hayes, A., *Footsteps of Thesiger* (Dubai: Motivate Publishing, 2012).

Hellyer, P & Ziolkowski, M., *Emirates Heritage: Volume One. Proceedings of the 1st Annual Symposium on Recent Palaeontological & Archaeological Discoveries in the Emirates* (Al Ain: Zayed Centre for Heritage and History, 2005).

Hicks, J., *The Myth of God Incarnate* (London: SCM Press, 1977).

Hitti, P., *History of the Arabs. 10th Edition* (London: Palgrave-MacMillan, 2002) Hoffman, V. J., *The Essentials of Ibadi Islam* (USA: Syracuse University Press, 2011).

Holton, P., *Mother Without a Mask* (London: Kyle Cathie Limited, 1991).

Hourani, A., *A History of the Arab Peoples* (London: Faber & Faber, 1991).

Huntington, S. P., *The Clash of Civilizations and the Remaking of World Order* (New York: Simon & Schuster, 1996).

Insoll, T., *Land of Enki in the Islamic: Pearls, Palms and Religious Identity in Bahrain* (London: Routledge, 2005).

Johnson, B., *When Heaven Invades Earth* (Shippensburg: Destiny Image Publishers Inc., 2003).

Johnson, L. T., *The Real Jesus: The Misguided Quest for the Historical Jesus and the Truth of the Traditional Gospels* (San Francisco: Harper, 1997).

Kaiser Jr, W. C., *The Old Testament Documents. Are They Reliable and Relevant?* (India: OM Books, 2003).

Khalidi, T., *The Muslim Jesus: Sayings and Stories in Islamic Literature* (London: Harvard University Press, 2001). 타리프 칼리디, 《무슬림 예수》(소동 역간).

Lawson, T., *The Crucifixion and the Qur'an: A Study in the History of Muslim Thought* (Oxford: Oneworld, 2009).

Lewis, C. S., 2009 *Mere Christianity* (San Francisco: Harper, Revised and Enlarged Edition, 2009). C. S. 루이스, 《순전한 기독교》(홍성사 역간).

Loosley, E., *A Historical Overview of the Arabian Gulf into the Late Pre-Islamic Period: The Evidence for Christianity in the Gulf* (Abu Dhabi: Abu Dhabi Islands Archaeological Survey, 2002).

Mallouhi, C. A., *Waging Peace on Islam* (London: Monarch Books, 2000).

McAuliffe, J. (eds)., *The Encyclopaedia of the Qur'an* (Leiden: E.J. Brill, 2005).

Mingana, A.. 'The Apology of Timothy the Patriarch before the Caliph Mahdi.' Bulletin of the John Rylands Library. Vol 12. No.1. 1928. pp. 137-298.

Nader, L., *Culture and Dignity: Dialogues between the Middle East and the West* (Oxford: Wiley & Blackwell, 2013).

Newbiggin, L., *Foolishness to the Greeks: The Gospel and Western Culture* (Michigan: Eerdmans Publishing Company, 1986). 레슬리 뉴비긴, 《헬라인에게는 미련한 것이요》(IVP 역간).

Newby, G. D., *A History of the Jews of Arabia* (Columbia: University of South Carolina, 1988).

Nydell, M. K., *Understanding Arabs: A Guide for Westerners* (Maine: Intercultural Press, 2002).

O'Sullivan, E., *The New Gulf: How Modern Arabia is Changing the World for Good* (Dubai: Motivate Publishing, 2008).

Parrinder, G., *Jesus in the Qur'an* (London: Faber, 1965).

Perrin, N., *Lost in Transmission? What We Can Know About the Words of Jesus* (Dallas: Thomas Nelson, 2007).

Poplak, R., *The Sheikh's Batmobile: In Pursuit of American Pop Culture in the Muslim World* (Canada: Penguin, 2009).

Ragg, L & L., *The Gospel of Barnabas* (Oxford: The Clarendon Press, 1907).

Raheb, M., *Sailing through Troubled Waters: Christianity in the Middle East* (Bethlehem, Diyar Publisher, 2013).

Rahner, K., *The Trinity* (Tunbridge Wells: Burns & Oates, 1986).

Rajab, J. S., *Failaka Island: The Ikaros of the Arabian Gulf* (Kuwait: Tareq Rajab Museum, 2008).

Rippin, A., *Muslims: Their Religious Beliefs and Practices*, Volume 2: The Contemporary Period (London: Routledge, 1993).

Robinson, N., *Discovering the Qur'an. A Contemporary Approach to a Veiled Text* (London: SCM, 1996).

Rodinson, M., *The Arabs* (University of Chicago Press, 1981).

Rousseau, J. J. & Arav, R., *Jesus and His World: An Archaeological and Cultural Dictionary* (London: SCM Press, 1995).

Ryken, L. Wilhoit, J. C. & Longman III, T. (General Eds), *Dictionary of Biblical Imagery* (Leicester: IVP, 1988).

Said, E., *Orientalism* (New York: Vintage Books, 1979). 에드워드 사이드, 《오리엔탈리즘》(교보 문고 역간).

Said, E., *Culture and Imperialism* (New York: Vintage, 1994). 에드워드 사이드, 《문화와 제국 주의》(창 역간).

Sale, G., *The Koran: Translated into English from the Original Arabic* (London and New York: Frederick Warne & Co Ltd, 1734).

Sasson, J., *Princess: A True Story of Life behind the Veil in Saudi Arabia* (New York: Bantam Publishers, 2001).

Sheler, J. L., *Is the Bible True? How Modern Debates and Discoveries Affirm the Essence of the Scriptures* (London: Harper Collins Publishers, 1999).

Steinbeck, J., *The Pearl* (London: Puffin Books, 1947). 존 스타인벡, 《진주》(돋을새김 역간).

Sweetman, J. W., *Islam and Christian Theology*, Vol. 1 (London: Lutterworth Press, 1945).

Swidler, L., *Women in Judaism* (New York: Scarecrow Press, 1976).

Thesiger, W., *Arabian Sands* (London: Longmans, 1959).

Thomson, A., *Jesus Prophet of Islam* (London: TaHa Publishers, 1977).

Thompson, A., *Christianity in the UAE: Culture and Heritage* (Dubai: Motivate Publishing, 2011).

Torstrick, R. L. & Faier, E., *Culture and Customs of the Arab Gulf States* (London: Greenwood Press, 2009).

Trimingham, J. S., *Christianity among the Arabs in Pre-Islamic Times* (Beirut: Longman

Group, 1979).

Volf, M., *Allah: A Christian Response* (New York: HarperOne, 2012). 미로슬라브 볼프, 《알라》 (IVP 역간).

Waardeburg, J., *Muslim Perceptions of Other Religions: A Historical Survey* (Oxford: Oxford University Press, 1999).

Wenham, D., *The Parables of Jesus* (Illnois: IVP, 1989).

Wilcox, M., *The Message of Luke* (Leicester: IVP, 1979). 마이클 윌코크, 《누가복음 강해》(IVP 역간).

Wilson, A. N., *Jesus: A Life* (New York: W. W. Norton & Company, 1992).

Witherington, B., *The Jesus Quest* (USA: IVP, 1997).

Wright, T., *Luke for Everyone* (London: SPCK, 2001). 톰 라이트, 《모든 사람을 위한 누가복음》(IVP 역간).

Yusuf, Abdullah Ali, *The Holy Qur'an: Text Translation and Commentary* (Kuwait: That Es Salasil, 1938).

Zogby, J., *Arab Voices: What they are Saying to Us and Why it Matters* (New York: Palgrave Macmillan, 2010).